春、夏、秋、冬一年じゅう楽しめる
簡単でかわいい
風工房の
身にまとうニット
JN180599
NHK出版

はじめに

編み物は、棒針、かぎ針ともに基本の編み方を覚えれば誰にでも気軽に始められる手芸です。
途中で休んでも、いつでも再開できます。編み針と糸は持ち運びもしやすいので、
旅行先で何を編んでいるかと声をかけられ、会話が始まることもあります。
2013年、2015年と2年間、NHKテレビテキスト『すてきにハンドメイド』の連載で、
身にまとうものを中心にデザインをしてきました。
テーマは〝簡単でおしゃれなもの〟という、難しくて、チャレンジしがいのあるものだったので
とても楽しく、それぞれの連載の1年間はあっという間に過ぎました。
今回はその連載の中で人気があった作品をセレクトし、そこに新作を加えてまとめた本という、
私にとってとても記念になる1冊です。
新作には、少し細い糸を使うくつした、棒針で編むアラン模様のミトンなどを入れました。
この本の中から編みたいものを見つけて、楽しく編んでいただけたらうれしいです。

風工房

CONTENTS

CHAPTER 1
秋〜冬のニット

CHAPTER 2
春〜夏のニット

この本で使っているマークの見方

// ＝棒針編み　/ ＝かぎ針編み

CHAPTER

1

秋～冬のニット

ウールやアルパカのような保温性が高く、
毛足の長い糸を使って作るニット。
手袋やマフラーなどの小物からケープやベストまで、
この季節に身につけたくなるアイテムをそろえました。

アラン模様のミトン

作り方 ▶ 49ページ

ケーブルとチェーンケーブル模様を施した、
アラン模様のミトン。手のひら側はメリヤス編みです。
難易度は少し高めですが、いつか編みたい憧れのアイテム。

HOTEL
ORIENTE

リーフ模様のマフラー 11

作り方 ▶ 53ページ

ぽこぽことしたユニークな編み地は、まるで葉っぱの連続模様のよう。
模様を生かした縁まわりのスカラップが女性らしい雰囲気を演出します。
シルク入りの糸を使えば肌触りも快適。

ボーダーのハンドウォーマー

作り方 ▶ 52ページ

北欧テイストのカラーを組み合わせ、ジグザグのボーダー模様に。
指先のないスタイルで編みやすく、厚みが出る編み地です。
シンプルな着こなしのアクセントにぴったり。

バイカラーのくつした 11

作り方 ▶ 55ページ

2色の糸を使い、足元のアクセントになるポップなくつしたを作りました。
細かな連続模様が入り、はいたときに楽しいデザイン。
かかとは別糸を編み入れておいて後から拾う編み方です。

ガーター編みのケープ

作り方 ▶ 58ページ

2色の糸を引きそろえ、色のニュアンスを出しました。
ケープを留めるボタンは、貝ボタンと木製ボタンなど異素材の組み合わせがおしゃれ。
ガーター編みだけでできるので初心者にもおすすめです。

編み込み模様の帽子 11

作り方 ▶ 60ページ

小さな繰り返し模様が覚えやすく、作りやすいニット帽。
リブの折り返しで好みのサイズに調整できますが、少し深めにかぶるのがかわいい。
ベーシックなデザインなのでふだん帽子をかぶらない方にも。

モチーフつなぎのひざかけ

作り方 ▶ 66ページ

好きな色の糸でモチーフを編み、最後に色のバランスを見ながらつなぎます。
基本のモチーフをマスターすれば、あとはどんどん編み進むだけ。
色遊びを楽しみながら作るカラフルなひざかけです。

グラデーションの
三角ショール

作り方 ▶ 62ページ

寒い季節に欠かせない、すっぽりと肩をおおうサイズのショール。
中央から左右に分かれているように見えますが、別鎖の作り目で編み始め、
全体を一度に編みます。段染め糸を使うときれいなグラデーションに。

ボーダー模様のベスト

作り方 ▶ 64ページ

着心地が軽く、重ね着を楽しむのにぴったりな透かし編み。
糸はアルパカ混で暖かです。
ボタンはニット地が垂れないよう貝ボタンなど軽いものを使います。

地模様のマフラー

作り方 ▶ 57ページ

ちょっとした工夫で凝った編み地に見える、表情のあるマフラー。
表目と裏目を少しずつずらしていくだけで、流れるような模様になりました。
大人っぽいパープルはカジュアルにもドレッシーにも使えます。

編み込み模様の
ハンドウォーマー

作り方 ▶ 68ページ

一見難しそうな編み込み模様は、地糸と配色糸のかえ方のルールを決め、
それを守って編み進めるのがポイントです。
糸は柔らかすぎないものを選ぶと編み込みしやすく、仕上がりもきれい。

市松模様のひざかけ

作り方 ▶ 69ページ

メリヤス編みとガーター編みの市松模様。
編むのは表目と裏目だけで単純なのに、ニュアンスが出てすてきな編み地です。
メリヤス編みとガーター編みの境目を少しきつめに編むと完成度がアップ。

モチーフつなぎの ショール

作り方 ▶ 71ページ

雪の結晶のような美しいモチーフを編みつないでショールにしました。
縁はモチーフの形を生かしたデザイン。
起毛したアルパカ混の糸で肌触りがよく、大人の甘さを表現してくれます。

ブローチつき ネックウォーマー

作り方 ▶ 72ページ

柔らかいモヘア糸2本どりで編みます。
ふっくらとした玉編みがかわいいデザインです。
ブローチは共糸で編んでワンポイントに。
アレンジして別糸で編んでもすてきです。

ニットバッグ

着こなしのアクセントに、
ひとつは欲しいニットのバッグ。
減らし目がなく
編みやすい形ながら
センスがきらりと光ります。

チェックのポシェット

作り方 ▶ 73ページ

ちょっとした小物を入れるのに
ほどよい大きさのポシェット。
底の部分から入れ口に向かって編み分け、
わきをとじます。
複数の色を使う場合も、糸のかえ方の
ルールを覚えればそれほど難しくありません。

パイナップル模様の
スクエアバッグ /

作り方 ▶ 75ページ

さわやかなアクアブルーの糸で
編んだ上品なバッグ。
持ち手が長めで肩掛けできるデザインです。
繊細なパイナップル模様で
編むのも楽しい。

細編みの サマーバッグ／

作り方 ▶ 76ページ

赤と生成りの糸を2本どりにして編むバッグ。
落ち着いた大人っぽい赤なので、上品に華を添えます。
同じ糸で編んだ赤い実のモチーフもかわいい。

CHAPTER

2

春〜夏のニット

コットンやリネンなどさらりとした肌触りの糸で編むニット。
たくさん編みたくなるストールやショールに加え、
楽しい編み地のチュニックやプルオーバーなどを紹介します。

シェル模様のチュニック /

作り方 ▶ 78ページ

前と後ろが同じ形で増減もないので、さくさく編めるチュニック。
編み地にドレープ性があり、身につけると体に沿ってきれいなラインになります。
誰にでも似合う濃いめのデニムカラーを使用。

パフスリーブのマーガレット 11

作り方 ▶ 80ページ

リネンのシャリ感が涼しげなマーガレット。
四角く編んでそで下をとじれば出来上がりです。
編み地が丸まりやすいのでスチームをしっかりかけて編み地を整えましょう。

バイカラーのプルオーバー 11

作り方 ▶ 81ページ

さわやかな2色の糸で編んだローゲージのプルオーバー。
裏側の編み地もきれいなので、
とじ代を表に出すインサイドアウトの着こなしも楽しめます。

細編みで編む帽子／

作り方 ▶ 84ページ

シンプルな形の帽子は1つあるととても重宝します。
難しいテクニックはなく、増し目の位置に注意して編むのがポイント。
広いブリムを下向きにして目深にかぶってもおしゃれです。

パイナップル模様のストール／

作り方 ▶ 86ページ

片側だけにパイナップル模様を配し、
羽根のエジングがついたような
軽やかなストール。
落ち着いた黄色が春の装いのアクセントに。

パイナップル模様の上品ショール

作り方 ▶ 87ページ

シルクの糸で編んだ、手触りのよいショール。
パイナップル模様の並びで縁にうねりが生まれました。
さっと巻くだけでえり元をエレガントに演出します。

ダイヤ柄のショール

作り方 ▶ 88ページ

両端がエジングしているように見え、
女性らしいシルエットを生み出す編み地。
束にすくう編み方でわかりやすく、
初心者にも編みやすい作品です。

寄せ目模様のスカーフ

作り方 ▶ 89ページ

減らし目から数目離れたところでかけ目をすることで
表目が傾いているように見える、寄せ目模様。
端は波打つようにウエーブが出る楽しいデザインです。

HOW TO MAKE

作り方

作品の難易度について

● ＝初級
●● ＝中級
●●● ＝上級

※作り方の図の中の数字の単位は、
特にことわりがない限り、cmです。

P.5
アラン模様のミトン

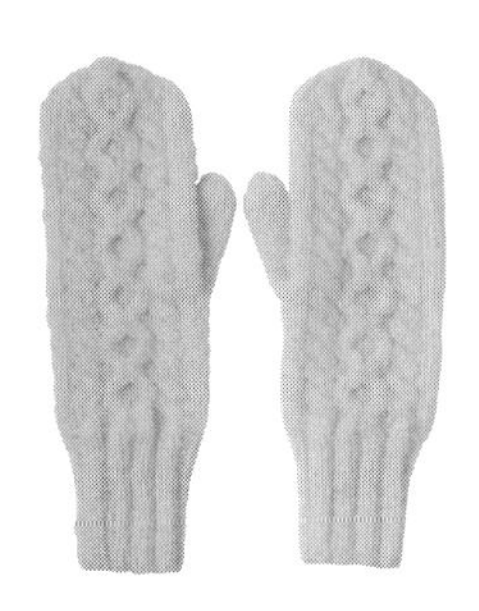

難易度

●**材料**　並太程度の混紡糸
オフホワイト…50g
●**用具**　7号短い4本棒針、
5号短い4本棒針、なわ編み針
そのほかに、6号玉つき棒針1本
(作り目用)、合太程度のコットン糸
(親指穴の別糸用)、とじ針、
段数マーカーなど
●**出来上がり寸法**　手首回り17cm
丈26cm
●**ゲージ**　メリヤス編み…20目×31段
＝10cm角
模様編み…33目×31段＝10cm角

親指の拾い目位置

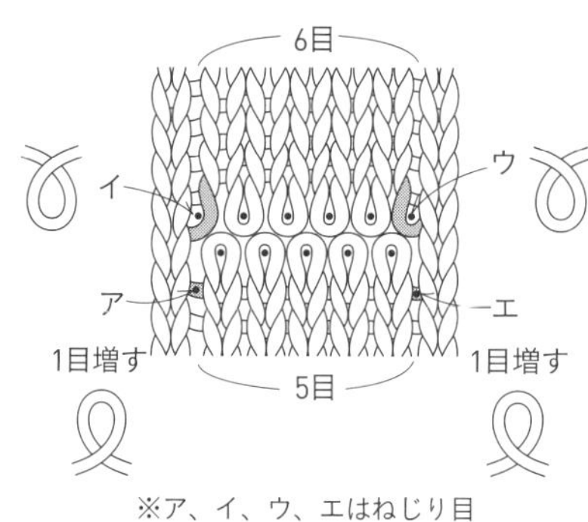

※ア、イ、ウ、エはねじり目
※●＝拾い目位置

糸の実物大

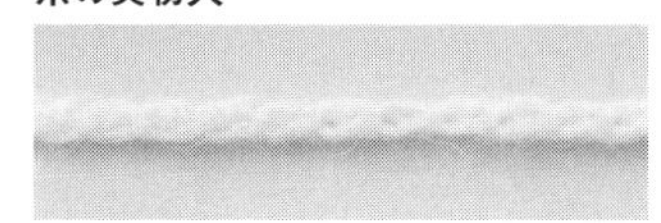

編み方

右手

1　一般的な作り目で36目作り(6号棒針1本)、5号棒針3本に12目ずつ分ける。輪にして、24段めまで2目ゴム編みで編む。

2　7号棒針にかえ、25段めの指定位置に巻き増し目を編む。編み方記号図を参照し、メリヤス編みと模様編みで編む。段の境目に段数マーカーで印をつけておく。21段めは編み始めで糸を休ませ、別糸を5目編み入れる。別糸の目を左針に戻し、休ませた糸で続きを編む。53段めからはわきの1目を立てて両側で減目して編む。最後の10目に糸を二重に通して(1目おきに通すことを2回)絞る。

3　親指穴の別糸を抜きながら目を7号棒針2本に移し、図を参照して目を拾いながら目を棒針3本に4目、5目、4目に分け(両端の部分は図を参照して、ねじって拾う)、輪に編む。最終段で2目一度にし、最後の7目に糸を二重に通して絞る。

左手

右手と同じ要領で左右対称に編む。親指穴の別糸は編み終わりで編み入れる。

親指の編み方記号図

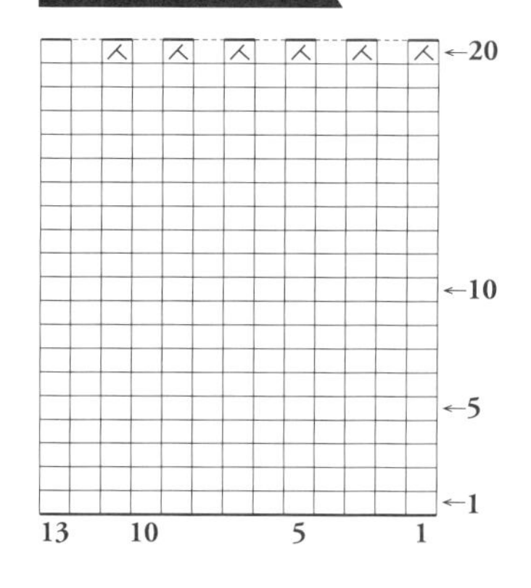

製図

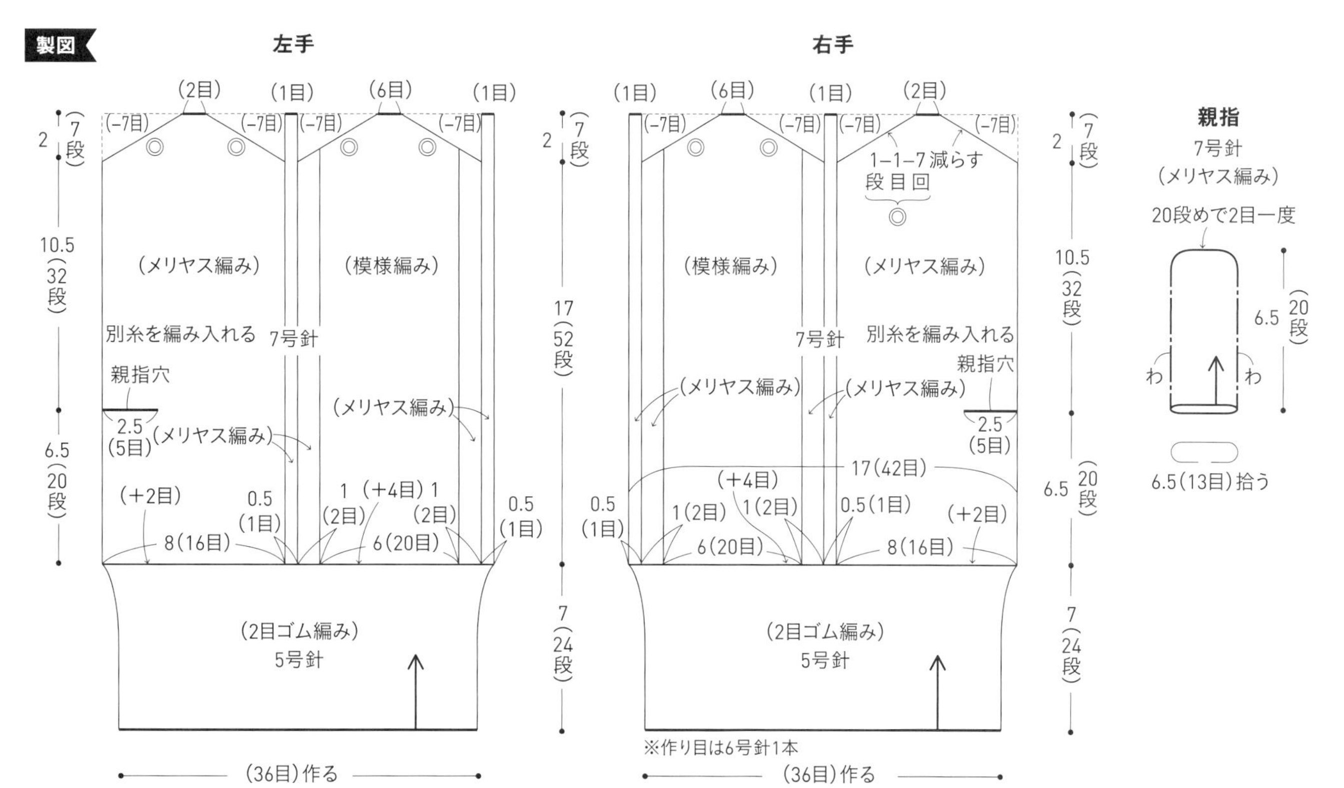

編み方記号図

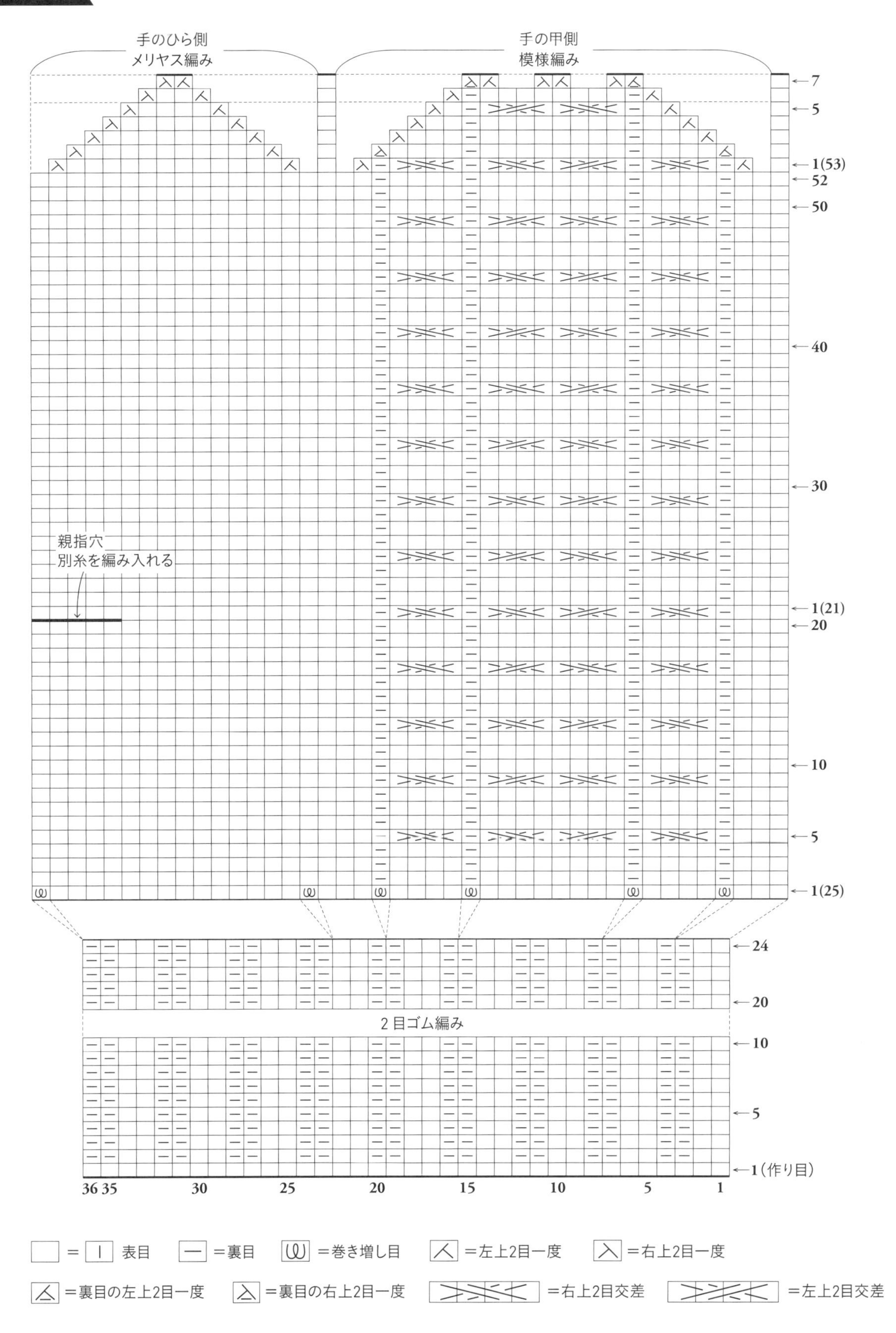
左手
手のひら側
メリヤス編み
手の甲側
模様編み
親指穴
別糸を編み入れる
2目ゴム編み
7
5
1(53)
52
50
40
30
1(21)
20
10
5
1(25)
24
20
10
5
1(作り目)
36 35
30
25
20
15
10
5
1
=表目
=裏目
=巻き増し目
=左上2目一度
=右上2目一度
=裏目の左上2目一度
=裏目の右上2目一度
=右上2目交差
=左上2目交差

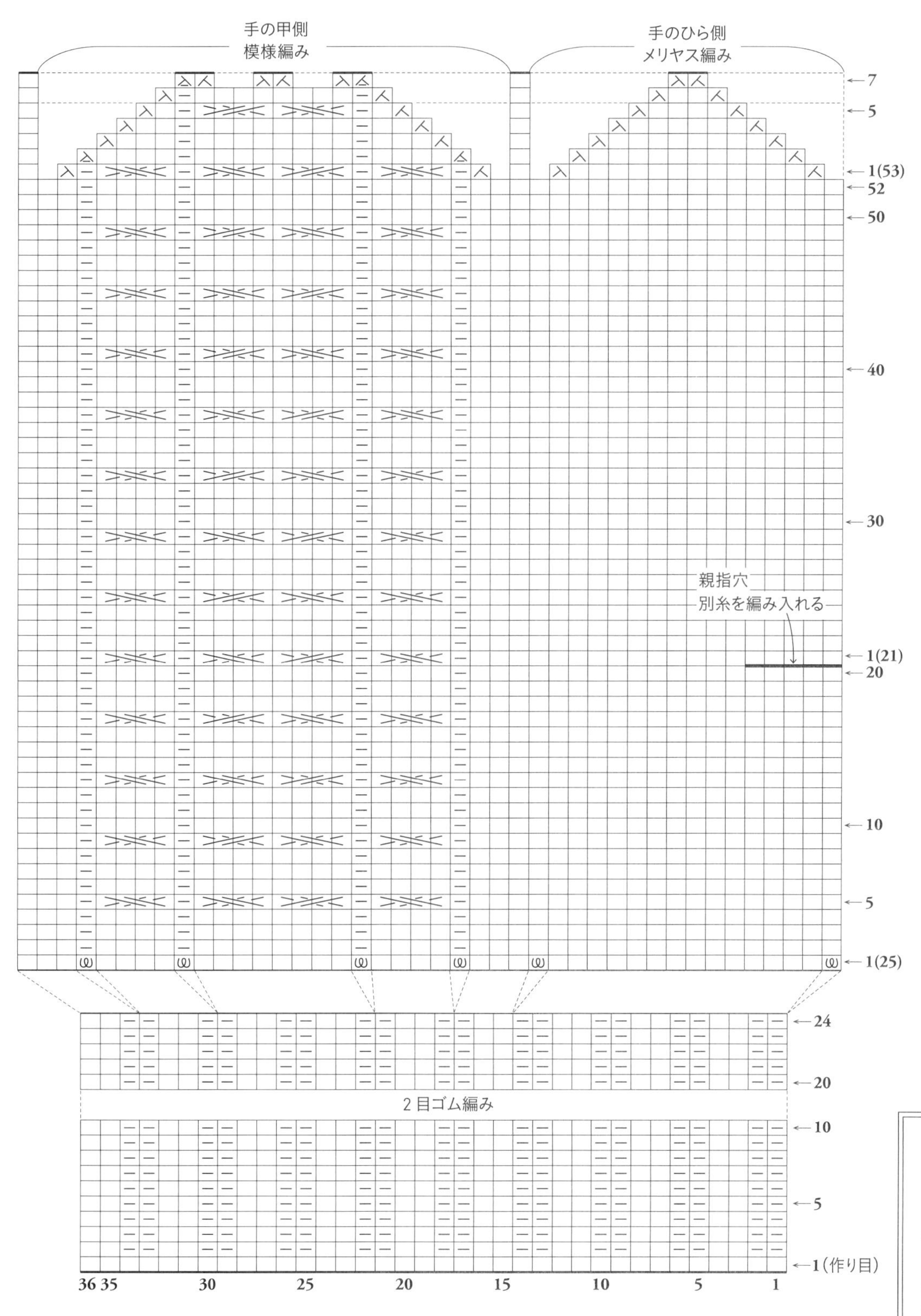

編み方POINT

ゴム編みから編み始め、巻き増し目で目を増やして模様を編みます。編み終わりで模様のところも減らし目をして、残った目に1目おきに糸を通し、2周して糸を絞るときれいに仕上がります。

P.8
ボーダーの ハンドウォーマー

難易度

●**材料** 並太程度の混紡糸
ブルーグレー…30g
レモンイエロー…25g
●**用具** 6/0号かぎ針
そのほかに、とじ針など
●**出来上がり寸法** 手首回り19.5cm 丈18cm
●**ゲージ** 模様編み
…17.5目×7.5段＝10cm角

手のひら側
手の甲側

糸の実物大

編み方

右手

1 ブルーグレーで鎖編み34目の作り目をして編み始めの鎖編みに引き抜いて輪にする。鎖3目で立ち上がり、鎖編みの半目と裏山を拾って模様編みで手首の位置から編み始める。立ち上がり位置を手のひら側にする。1段めの編み終わりは立ち上がりの鎖3目めに引き抜き編みをして、目を広げて糸玉を目に通し、引き締めて目を止め、糸は休ませる。

2 模様編みのしまはブルーグレーとレモンイエローを1段ずつ交互に編む。2段めはレモンイエローの糸をつけて編み、立ち上がりの鎖2目めで1段めの糸を編みくるんで引き上げる。最後は1段めと同じように目を止める。3段めは編みくるんだ1段めの糸を引き上げて2段めの立ち上がりの鎖3目めにつけて編み、8段めまで編む。親指位置の段は編み終わりで1模様のかわりに鎖3目を編む。

3 全段を編んだら続けて縁編みを編む。縁編みの細編みは鎖編みの空間に針を入れて束にすくう。編み終わりは1目めの細編みの頭に引き抜き編みをして、もう一度かぎ針に糸をかけて引き抜く。2色の糸とも裏側で糸始末をする。作り目側に糸をつけ、束に拾って縁編みを輪に編む。

4 親指は指定位置(10段めの空間)に糸をつけて引き抜き、土台になる鎖3目を編み、8段めの空間に引き抜く。次に立ち上がりの鎖3目を編み、合い印から拾って模様編みを編み、続けて縁編みを編む。

左手

8段めまでは右手と同じように編み、親指位置は編み始めの1模様を鎖3目にして編む。親指は8段めの空間に糸をつけて引き抜き、鎖3目を編み、10段めの空間に引き抜く。以降、右手と同じように編む。

編み方記号図

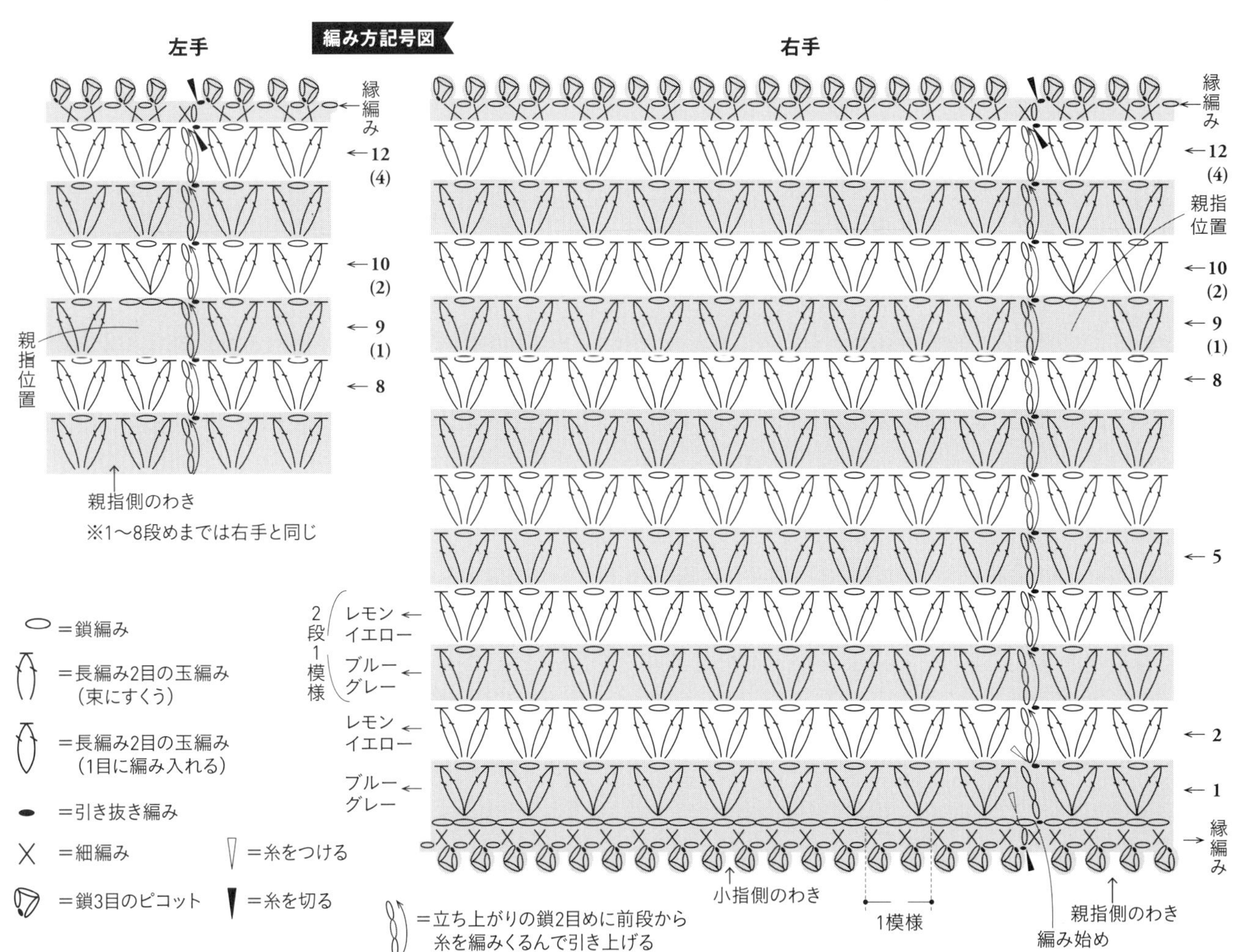

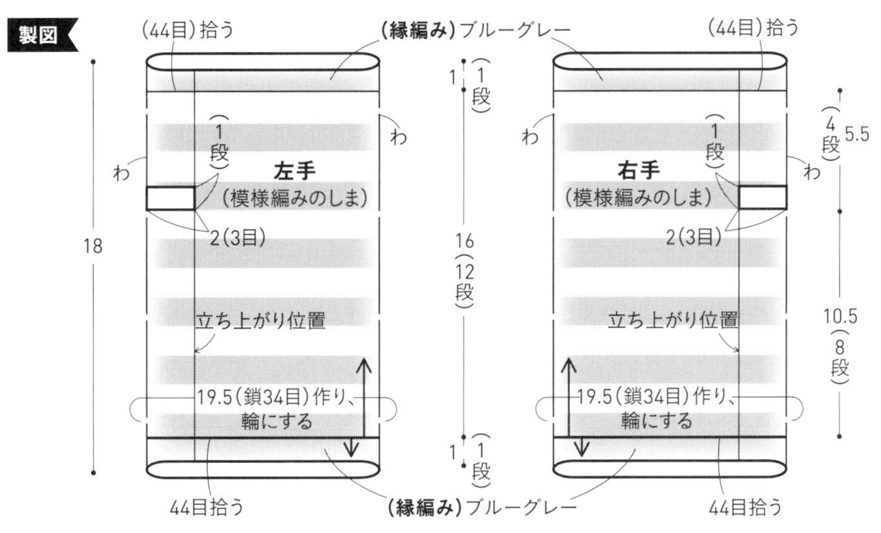

※すべて6/0号針で編む

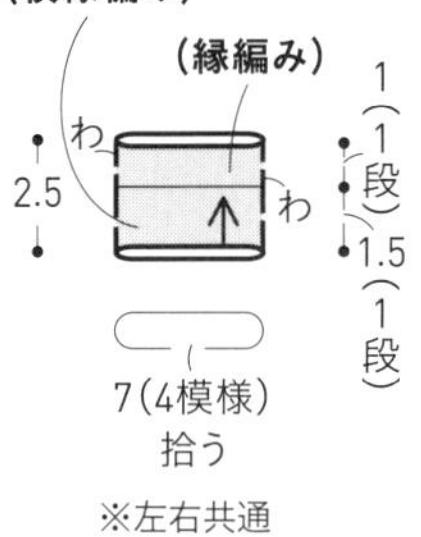

※左右共通

親指の編み方

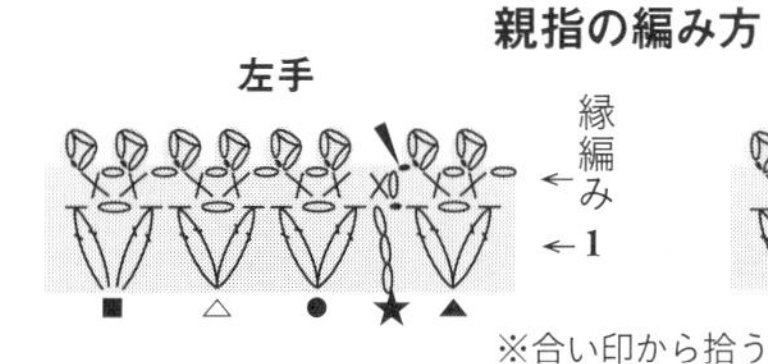
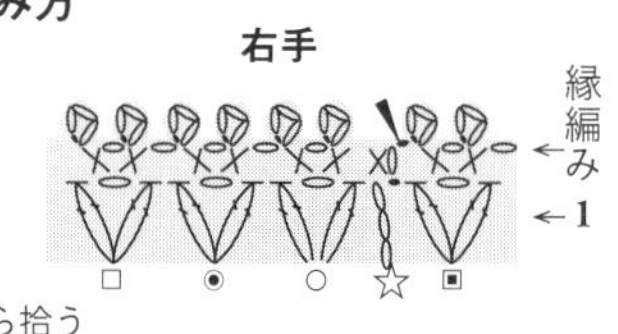

※合い印から拾う

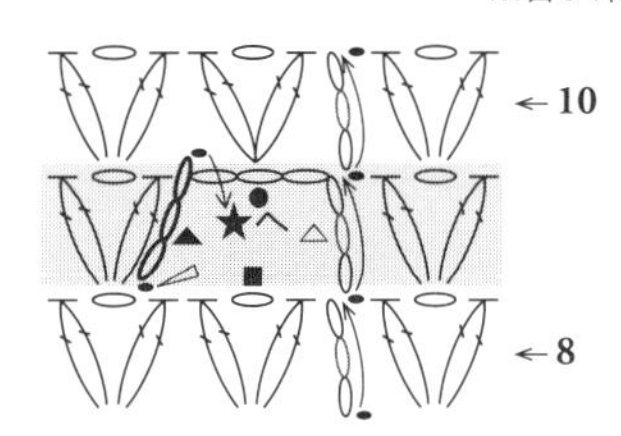
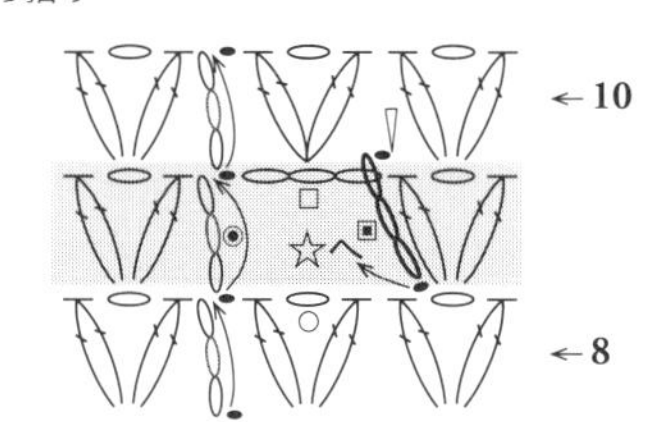

編み方POINT

長編み2目の玉編みと鎖編みでV字模様を編みます。1段ごとに色をかえ、2色で編むとジグザグのボーダーになる楽しい模様。糸をかえて休ませる糸を持ち上げるとき、立ち上がりの鎖目に編みくるんで引き上げます。

P.6 リーフ模様のマフラー

難易度 ◎◎

●材料 並太程度の混紡糸
ピンク…190g
●用具 6号玉つき2本棒針、5/0号かぎ針
そのほかに、7号玉つき棒針1本（作り目用)、段数マーカー、とじ針など
●出来上がり寸法 幅27cm 長さ126cm
●ゲージ 模様編み…29目×29段＝10cm角

糸の実物大

編み方

1 一般的な作り目で79目作り（7号棒針1本)、6号棒針にかえてガーター編みで4段めまで編む。

2 編み方記号図を参照して模様編みを編む。20段1模様なので、1模様終わるごとに段数マーカーをつけておくとわかりやすい。360段編む。

3 ガーター編みを3段編み、編み終わりは裏側からきつくならないように、5/0号かぎ針で引き抜き止めをする。

編み方POINT

3目一度で減らすところとかけ目をするところを交互に編むと、葉の模様になります。模様編みの両側に裏目を1目編むので、模様編みの最初の段を間違えなければあとはスムーズに編めます。

※6号針で編む（作り目は7号針1本)

編み方記号図

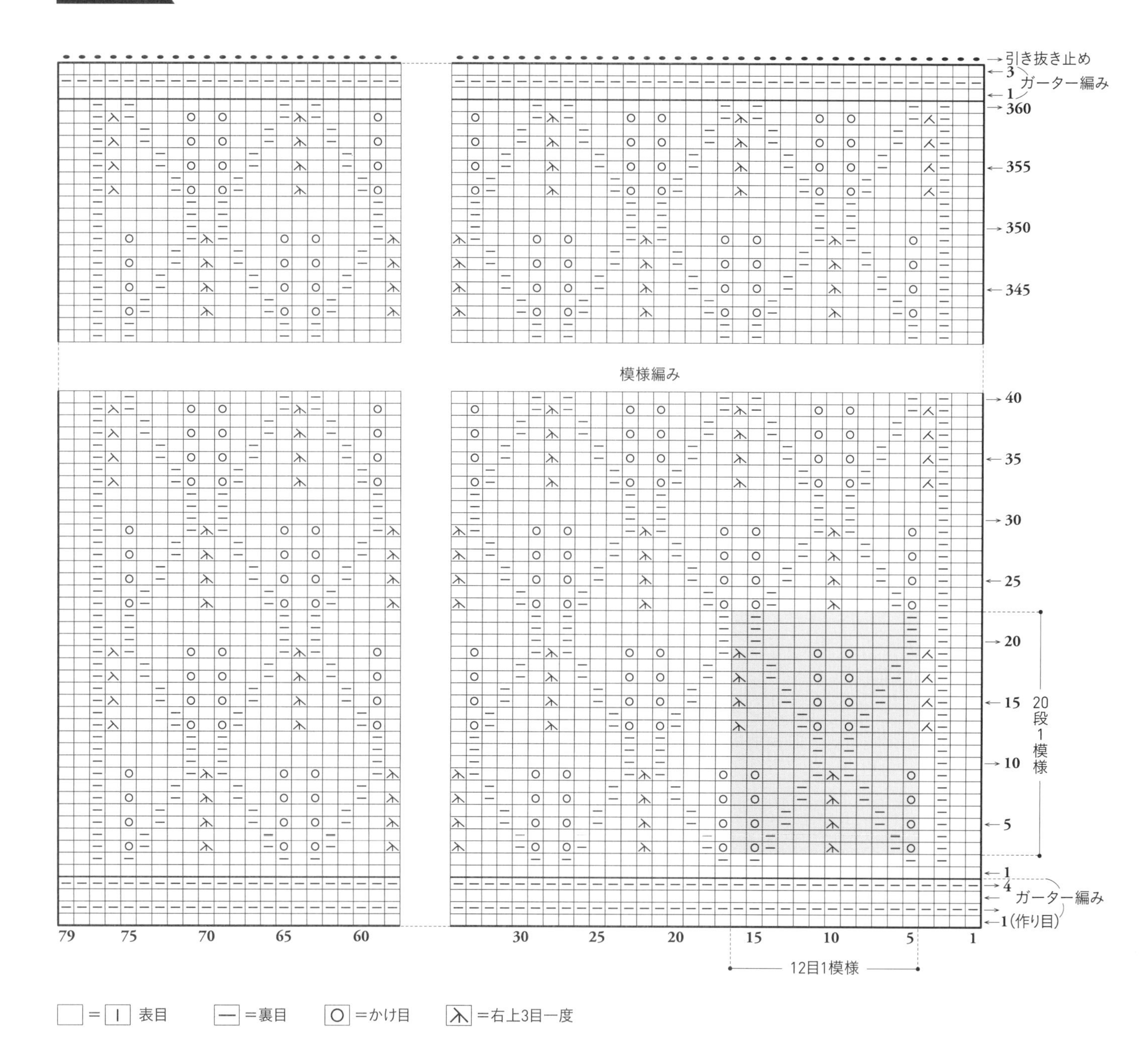

引き抜き止め
3
ガーター編み
1
360
355
350
345
模様編み
40
35
30
25
20
15
10
5
1
4
ガーター編み
1(作り目)
20段1模様
79
75
70
65
60
30
25
20
15
10
5
1
12目1模様
□ = | 表目
— =裏目
○ =かけ目
=右上3目一度
=左上2目一度
=右上2目一度
=引き抜き止め

P.10
バイカラーのくつした

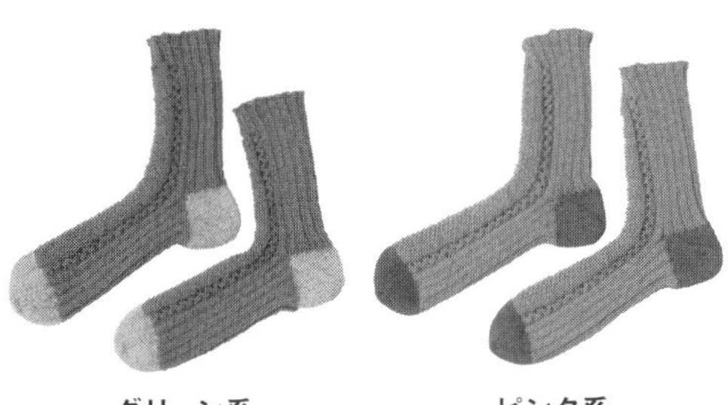

グリーン系　　　ピンク系

難易度

●**材料**　中細程度の混紡糸
グリーン系　緑…50g、水色…10g
ピンク系　濃いピンク…50g、赤…10g
●**用具**　1号短い4本棒針
そのほかに、2/0号かぎ針(作り目用)、
合太程度のコットン糸
(作り目用とかかと位置の別糸)、
とじ針、段数マーカーなど
●**出来上がり寸法**　足首回り18cm
はき丈17.5cm　底丈21cm
●**ゲージ**　模様編み、2目ゴム編みとも…
34目×44.5段＝10cm角

糸の実物大

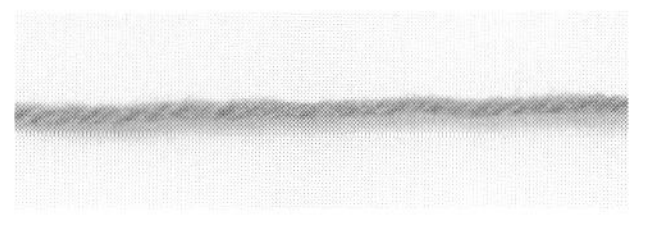

編み方POINT

きつめに編みますが、はいているうちに伸びるので底丈は自分の足のサイズより2cmくらい小さくします。編み終わりの伏せ止めは、足首に合わせ、少しゆるくするのがポイント。

編み方

右足

1　2/0号かぎ針で、別糸で鎖編み61目を編む(後からほどける作り目)。1号棒針3本に20目、21目、20目に分ける。輪にして、甲側を模様編み、底側を2目ゴム編みで58段めまで編む。輪編みは甲と底の段の境目に段数マーカーで印をつけておく。

2　59段めの甲側を編んでから、かかと位置で糸を休ませて、別糸を30目編み入れる。別糸の目を左針に戻し、休ませた糸でかかとの別糸の編み目を編む。続けて50段めまで編み、はき口は2目ゴム編みで甲側の中央で1目減目して編む。編み終わりは表目は表目、裏目は裏目を編んで伏せ止めにする。最後はチェーンつなぎをする。

3　つま先は別鎖の作り目をほどいて拾い目をし、1段めで模様編みの中央で右上2目一度をして1目を減目してB色で輪に編む。両わきで2目を立てて減目する。編み終わりはメリヤスはぎにする。

4　かかと位置の別糸を抜きながら目を棒針2本に移し、49ページの「親指の拾い目位置」を参照して目を拾いながら目を棒針3本に分け(両端の部分はア、エは拾わないで、イ、ウをねじって拾う)、B色で輪に編む。編み方はつま先と同様に編む。

左足

右足と同じ要領で、対称に編む。かかとの別糸は59段めの編み始めで編み入れる。

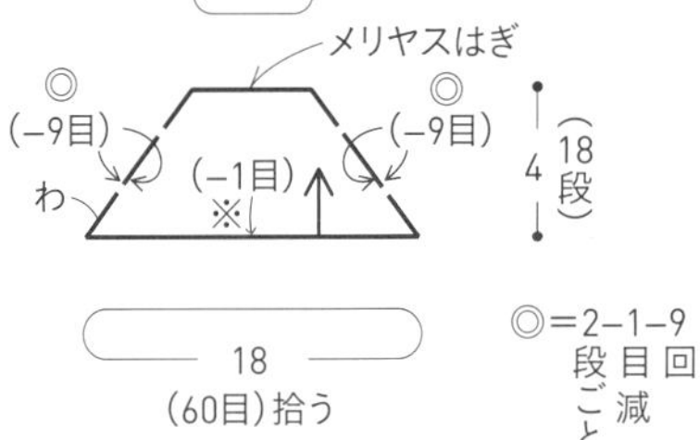

※つま先は模様編みの中央で、
かかとは足首側の中央で1目減目

製図

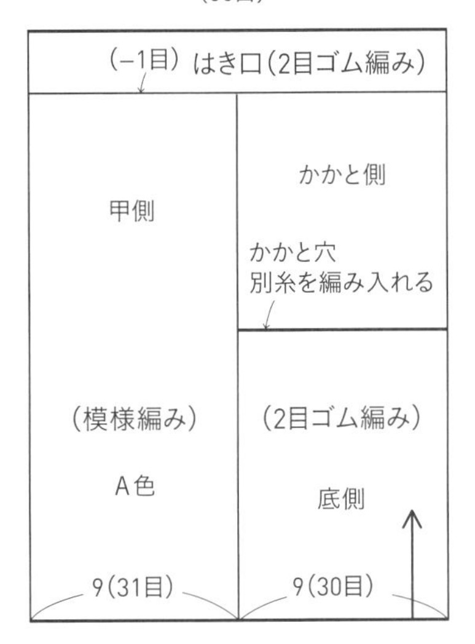

※すべて1号針で編む(作り目は2/0号針)

グリーン系	ピンク系
A色＝緑	A色＝濃いピンク
B色＝水色	B色＝赤

※それぞれつま先、かかとはB色、
それ以外はA色で編む

出来上がり図

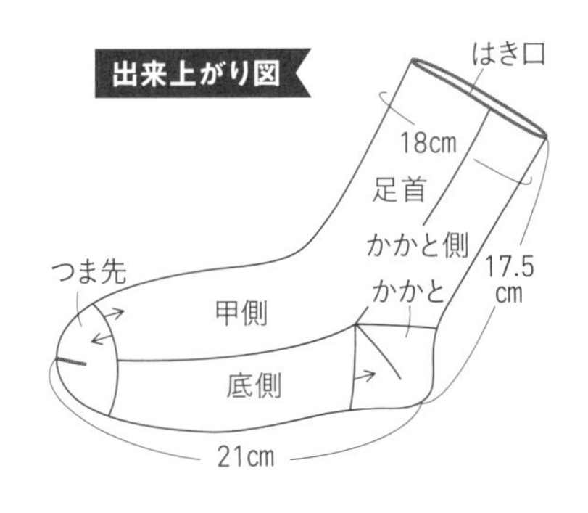

編み方記号図

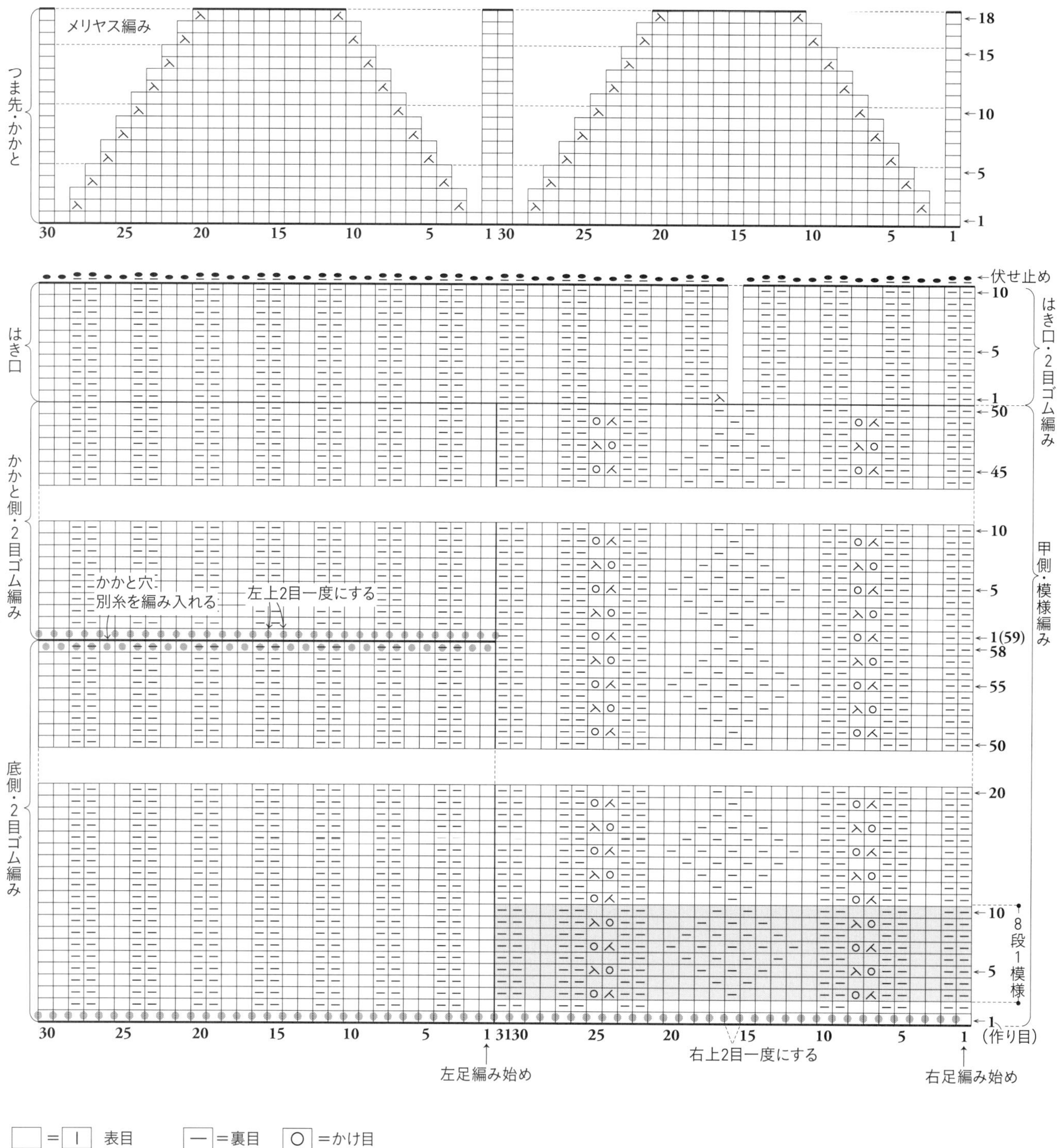

□＝| 表目　—＝裏目　○＝かけ目

⋏＝左上2目一度　⋋＝右上2目一度

●＝伏せ止め(表目)　●＝伏せ止め(裏目)

●＝つま先・かかと拾い目位置

P.22
地模様のマフラー

難易度

●**材料**　中細程度のカシミヤ糸　パープル…85g
●**用具**　4号玉つき2本棒針、3/0号かぎ針
そのほかに、5号玉つき棒針1本（作り目用）、とじ針など
●**出来上がり寸法**　幅23cm　長さ110.5cm
●**ゲージ**　模様編み…26目×37段＝10cm角

糸の実物大

製図

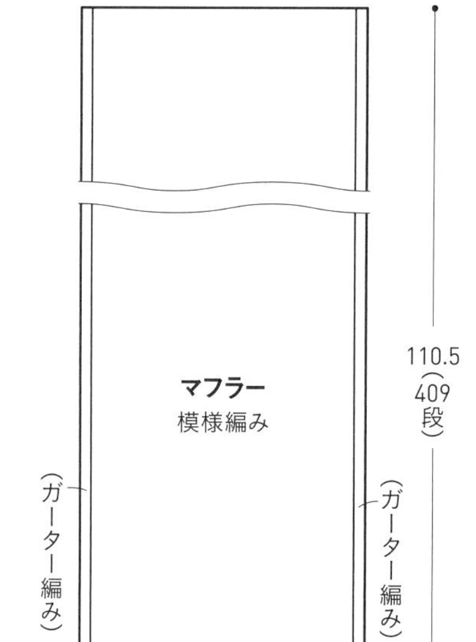

編み方

1　一般的な作り目で60目作り（5号棒針1本）、4号棒針にかえてガーター編みで2段めまで編む。両端はガーター編み2目を配置し、模様編みを編む。模様編みは7目・14段が1模様で、目で8模様、段で29模様を繰り返し、全部で408段めまで編む。最終段は表目で1段編む。

2　編み終わりは裏側からきつくならないように、3/0号かぎ針で引き抜き止めをする。

編み方POINT

一般的な作り目をし、2段めはガーター編みで戻ります。3段めからは編み方記号図どおりに模様編みを編みます。裏の段は、両端の2目以外、前段と同じ目になるように編むこと。編み終わりの引き抜き止めはきつくならないよう注意しましょう。

編み方記号図

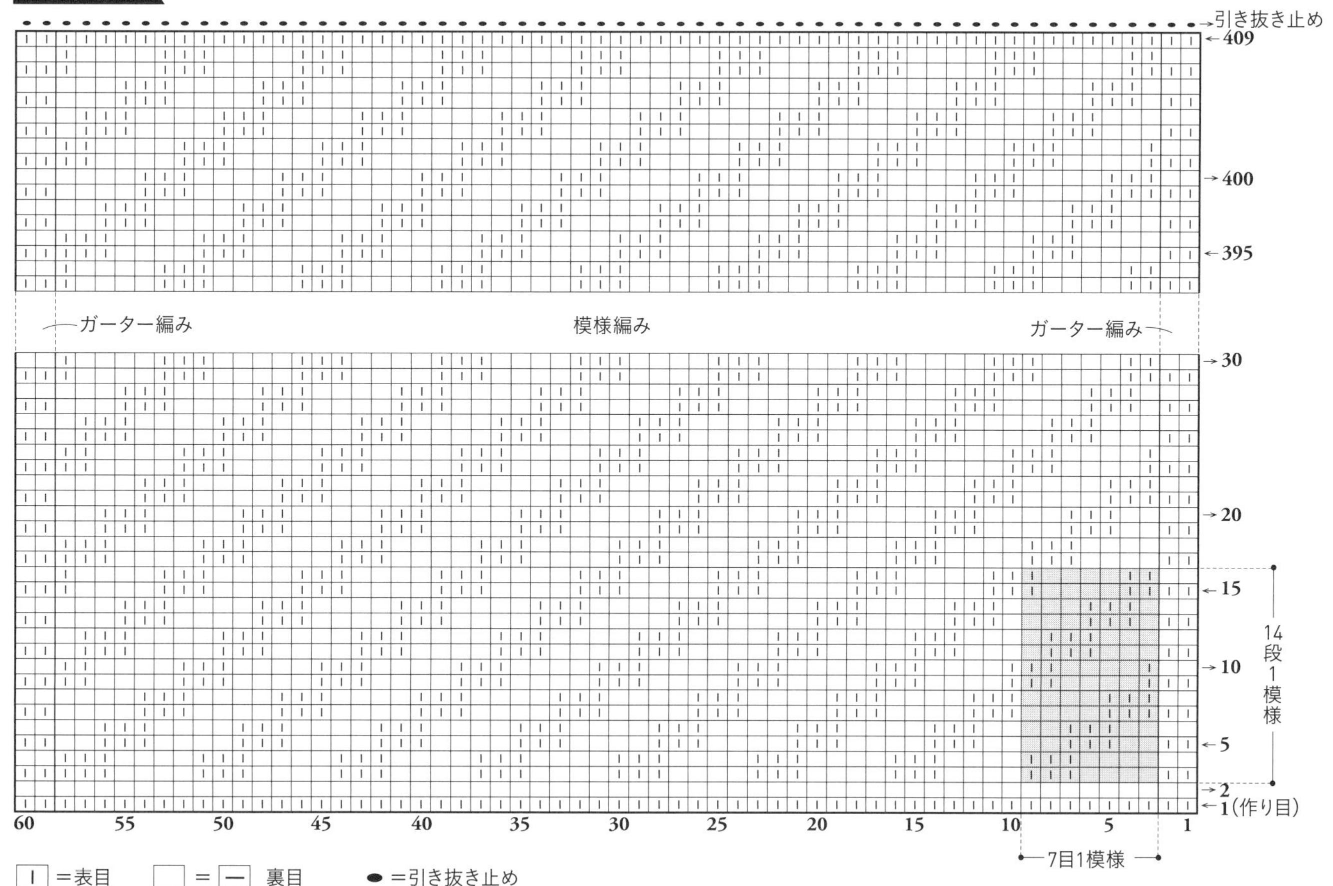

|＝表目　□＝－ 裏目　●＝引き抜き止め

P.12
ガーター編みのケープ

難易度

●**材料**　並太程度の混紡糸
薄グレー、ベージュ…各65g、
直径1.8cmの貝ボタン…1個、
直径2.3cmの木製ボタン…1個
●**用具**　10号玉つき2本棒針、
6/0号かぎ針　そのほかに、
11号玉つき棒針1本（作り目用）、
ボタンつけ用糸、とじ針、
段数マーカーなど
●**出来上がり寸法**　丈26cm
●**ゲージ**　ガーター編み
…12.5目×25段＝10cm角

糸の実物大

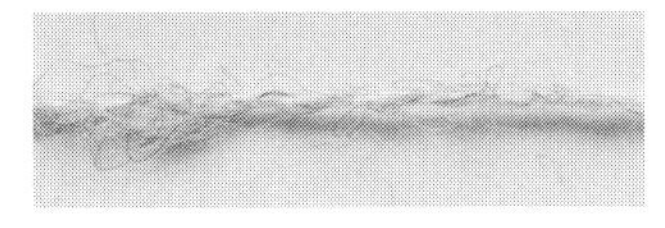

製図

※すべて薄グレー1本とベージュ1本の2本引きそろえで編む

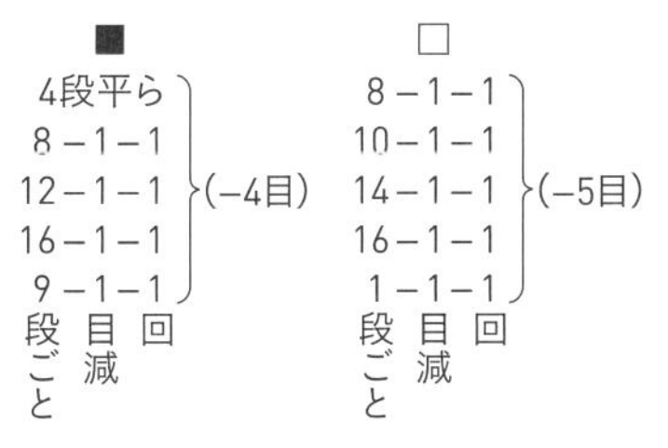

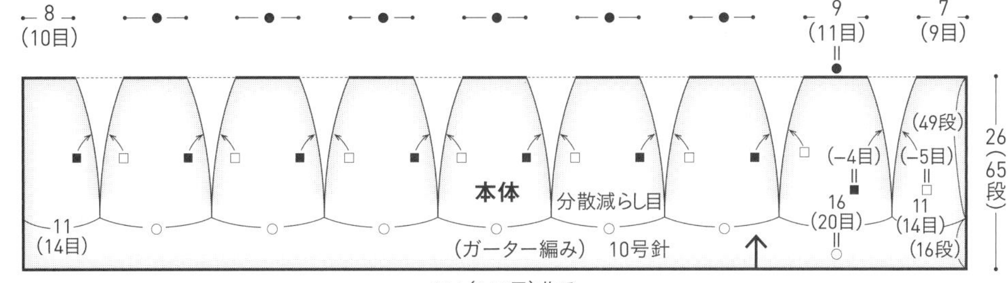

編み方記号図

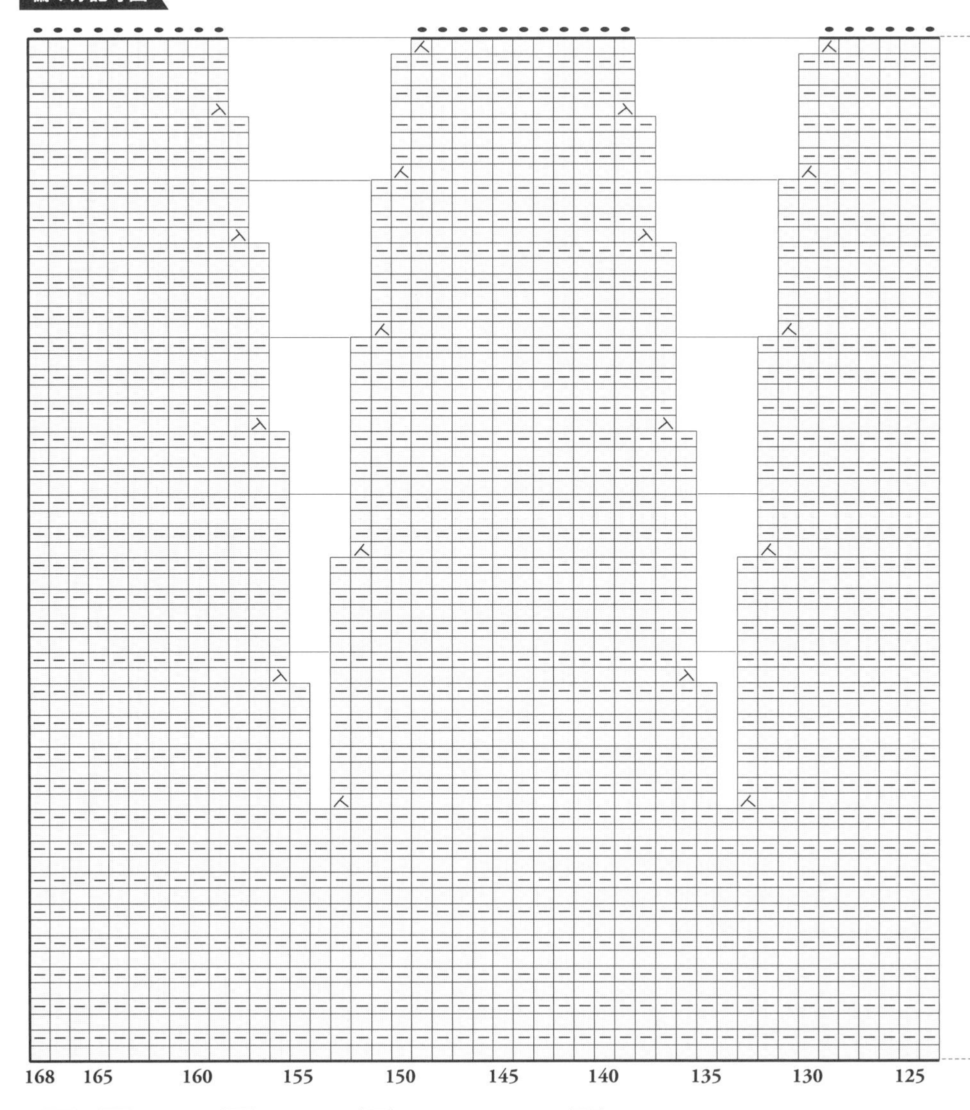

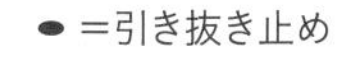

□＝| 表目　－＝裏目　入＝右上2目一度　人＝左上2目一度　●＝引き抜き止め

編み方POINT

毛足の長い糸を2本どりで編むので、1本を落とさないように気をつけます。端は編みっぱなしなので、目がゆるまないようにしましょう。ガーター編みの減らし目は表側を見て編むときに左上、右上を交互に編みます。

編み方

すべて薄グレー1本、ベージュ1本の2本引きそろえで編む。

1 一般的な作り目で168目作り（11号棒針1本）、10号棒針にかえてガーター編みで編む。16段めまで編んだら、17段めから分散減らし目をして編む。全体で72目（ー9目×8か所）を減らし目する。編み終わりは6/0号かぎ針で裏側からきつくならないように引き抜き止めをする。

2 引き抜き止めに続けて、右前にボタンループを編む。

3 着用してみて前中心の重なり分を決め、ボタンをつける。ボタンループ側に木製、ボタンホール側に貝ボタンをつける。ボタンホールはガーター編みの編み目の空間を広げてボタンホールにする（無理穴）。

仕上げ方

※ボタンホールとボタンつけ位置は試着して、バランスよくつける

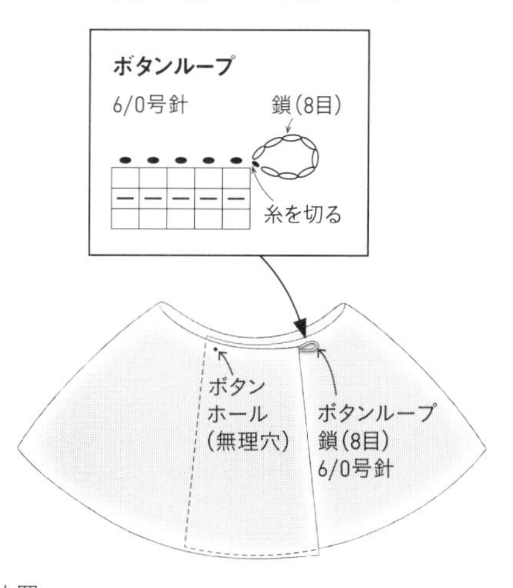

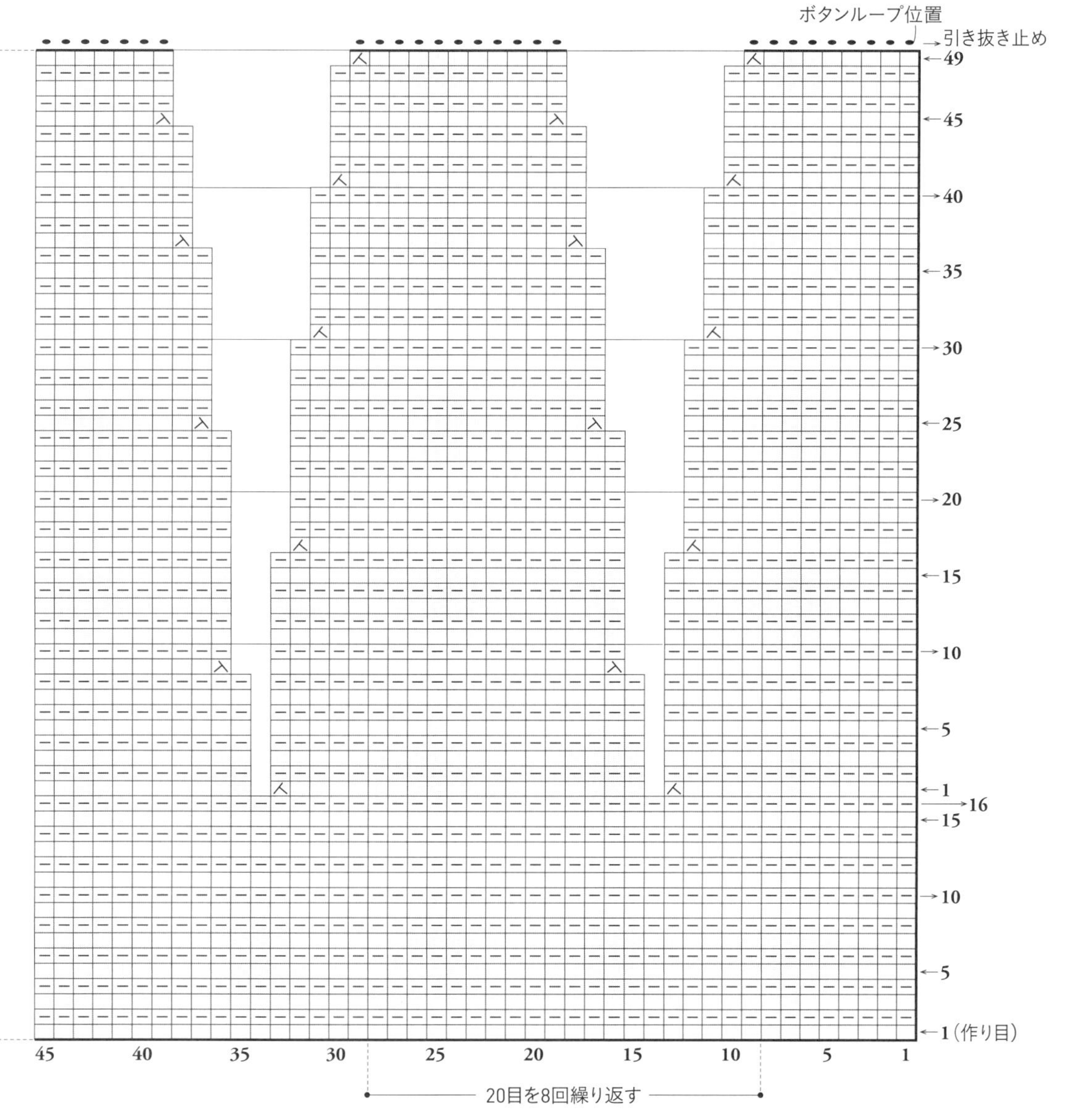

P.14
編み込み模様の帽子

難易度

- **材料**　並太程度のウールのツイード糸
  グレー…65g、水色…15g
- **用具**　9号4本棒針、7号4本棒針
  そのほかに、8号玉つき棒針1本（作り目用）、とじ針、段数マーカーなど
- **出来上がり寸法**　頭回り53cm　深さ27.5cm
- **ゲージ**　編み込み模様…19目×20段＝10cm角
  メリヤス編み…19目×24段＝10cm角

糸の実物大

編み方記号図

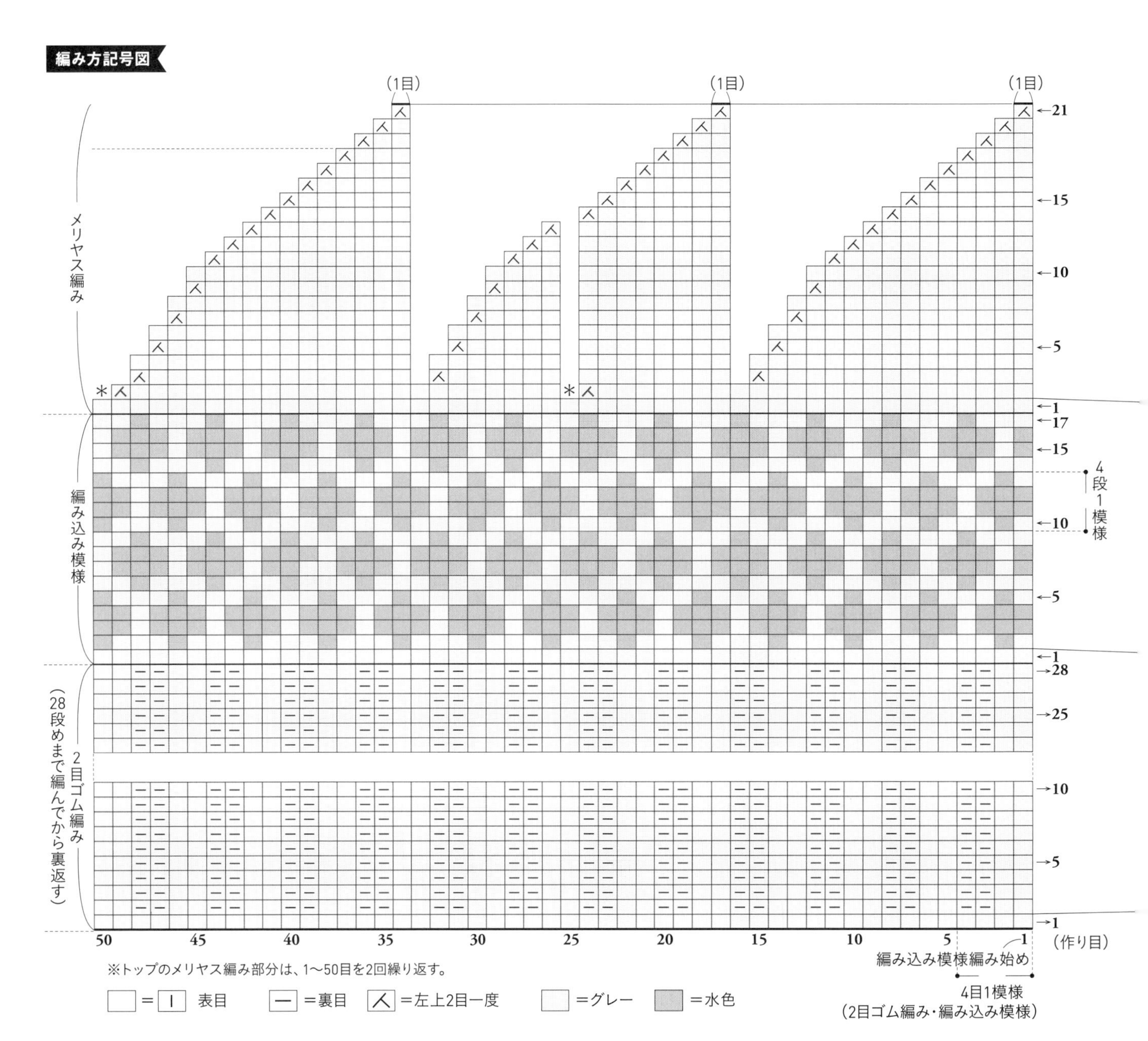

※トップのメリヤス編み部分は、1〜50目を2回繰り返す。

□＝|　表目　—＝裏目　⼈＝左上2目一度　□＝グレー　■＝水色

編み方

1 一般的な作り目で100目作り（8号針1本）、7号棒針3本に33目、34目、33目ずつに分け、輪にする。28段めまで2目ゴム編みで編む。

2 2目ゴム編みは折り返すため、表裏を反対にする。編み地を裏返して、編み方向をかえる。9号棒針にかえて、編み込み模様は編み方記号図を参照して編む。輪編みはいつも表側を見て編むので、編み込み模様はすべて表目で編む。段の境目に段数マーカーで印をつけておくと段のかわり目がわかりやすい。

3 編み込み模様を17段め（1段めはグレー1色で表目）まで編んだら7号棒針にかえる。メリヤス編みの2段めで24目ごとに左上2目一度を編み、全体で4目減らし目をして、目数を16目の倍数の96目にする。

4 トップの減らし目は編み方記号図を参照して編み、編み終わりの糸は30cmほど残して切り、とじ針に通す。最後の6目を1目おきにとじ針に通し、2周めに残りの3目をとじ針に通して絞る。編み終わりと編み始めの糸端を表側にひびかないように裏側で始末する。編み始めの糸始末は、折り返したときに裏になる側（伸ばしたときは表側）にする。

5 2目ゴム編みの部分は好みの位置で折り返す。

編み方POINT

ここでは、グレーを地糸、水色を配色糸にします。糸を横に渡して糸をかえますが、糸をかえるとき、いつも地糸を下、配色糸を上にします。渡り糸はつれたり、ゆるすぎたりしないよう一定の長さで渡しましょう。輪編みの編み込み模様は特につれやすいので、少しゆるめに糸を渡すのがコツ。

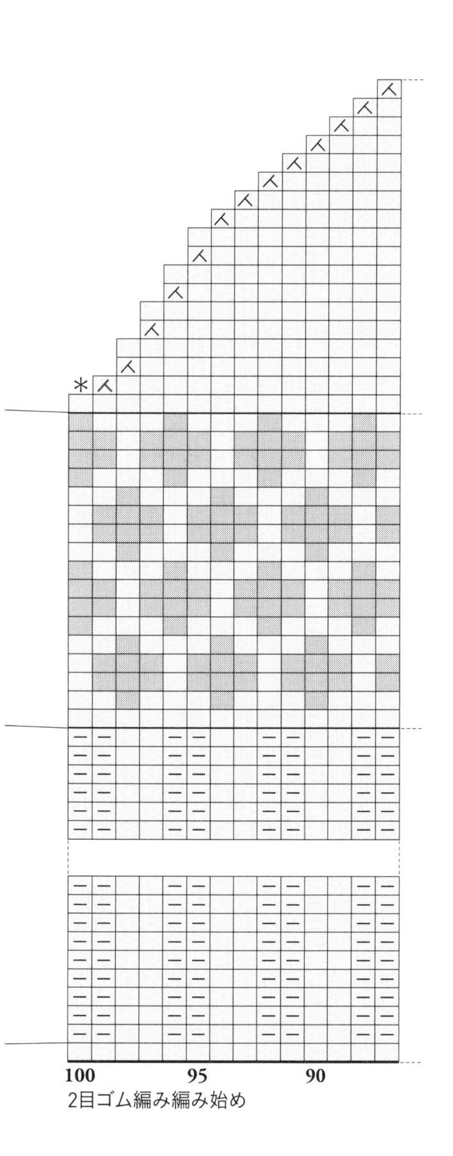

製図

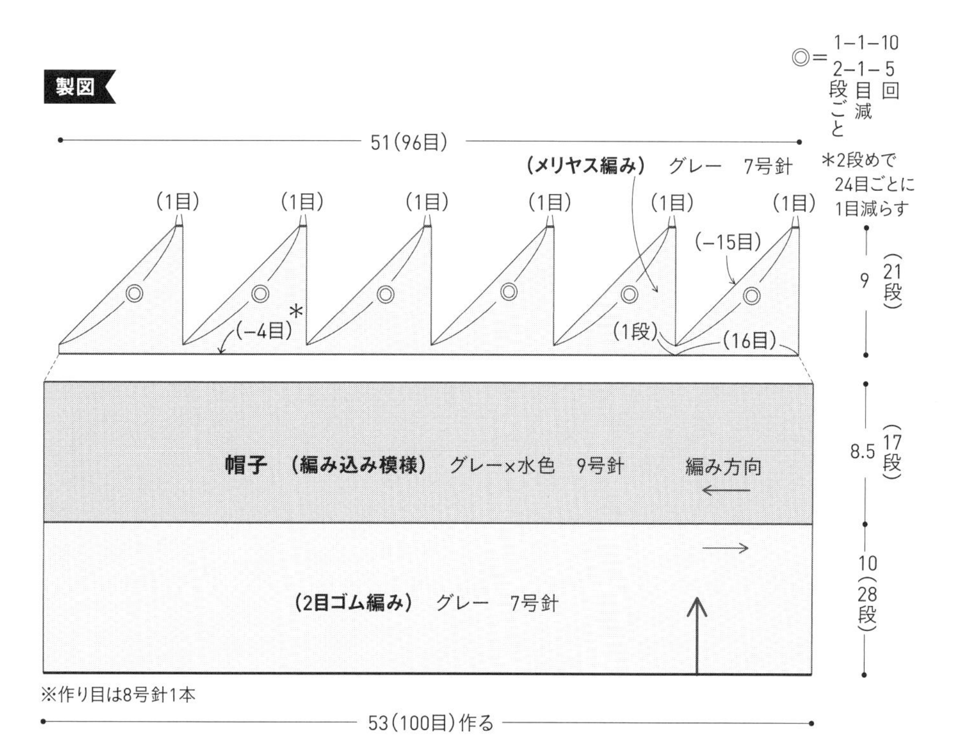

P.18
グラデーションの三角ショール

難易度 ●●

●材料　合太程度の混紡糸（単糸甘撚り）
グリーン系段染め…130g

●用具　5号4本棒針または5号輪針（80〜120cm）、5/0号かぎ針
そのほかに、合太程度のコットン糸（作り目用の別糸）、棒針キャップ、とじ針など

●出来上がり寸法　幅110cm　丈55cm

●ゲージ　模様編み…22目×44.5段＝10cm角

糸の実物大

編み方

1　5/0号かぎ針で、別糸で鎖編み5目を編む（後からほどける作り目）。糸端は20cmほど残し、5号棒針で鎖の裏山を拾って編み始める。模様編みで編み、両端と中央でかけ目と次の段でねじり目をして増し目をする。かけ目とねじり目は左右対称になるようにする。

2　編み終わりは裏側から5/0号かぎ針で引き抜き止めをするが、つれないようにバランスよく止める。編み始めの別糸の鎖編みをほどいて、5目に編み始めの糸を通して絞り、糸始末をする。

編み方記号図

○＝かけ目　－＝裏目　□＝｜＝表目
ねじり目（4種）＝ねじり目　●＝引き抜き止め

ねじり目（薄い網掛け）／○＝かけ目は手前から向こう側にかける。ねじり目は糸を手前側におき、左針の目の奥側の糸に左から針を入れて裏目を編む。

ねじり目（濃い網掛け）／○＝かけ目は向こう側から手前にかける。ねじり目は糸を手前側におき、左針の目の手前側の糸に右から針を入れて裏目を編む。

ねじり目（白地）／○＝かけ目は手前から向こう側にかける。ねじり目は糸を向こう側におき、左針の目の奥側の糸に右から針を入れて表目を編む。

ねじり目（薄い網掛け・表目）／○＝かけ目は向こう側からに手前かける。ねじり目は糸を向こう側におき、左針の目の手前側の糸に左から針を入れて表目を編む。

引き抜き止め
160
165
170
172
173　170　165　160

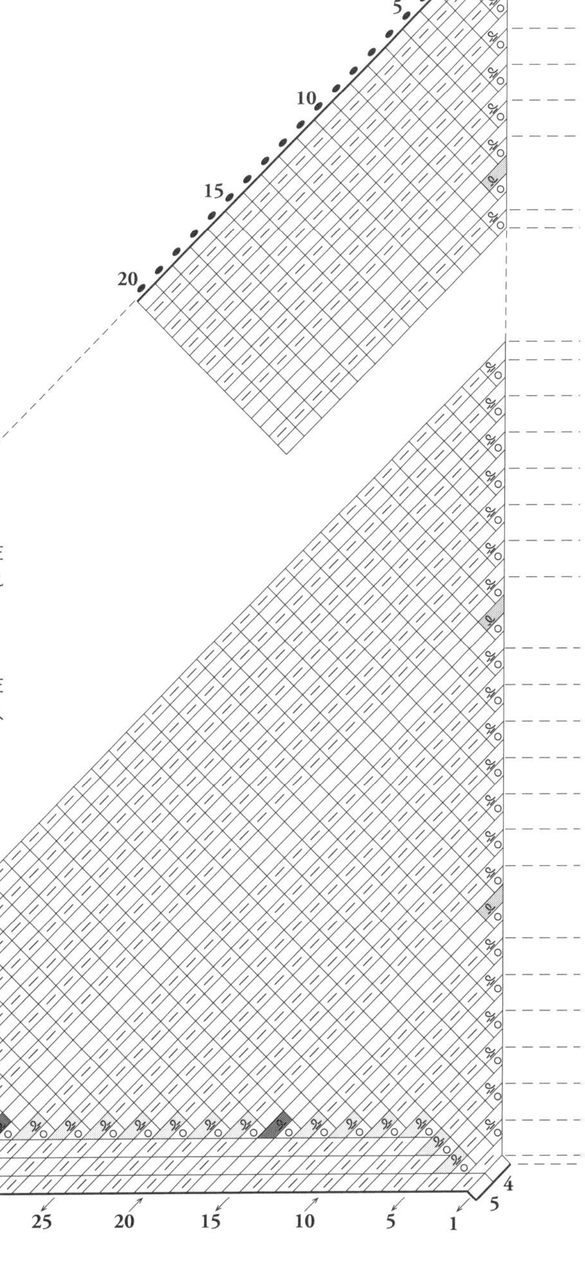

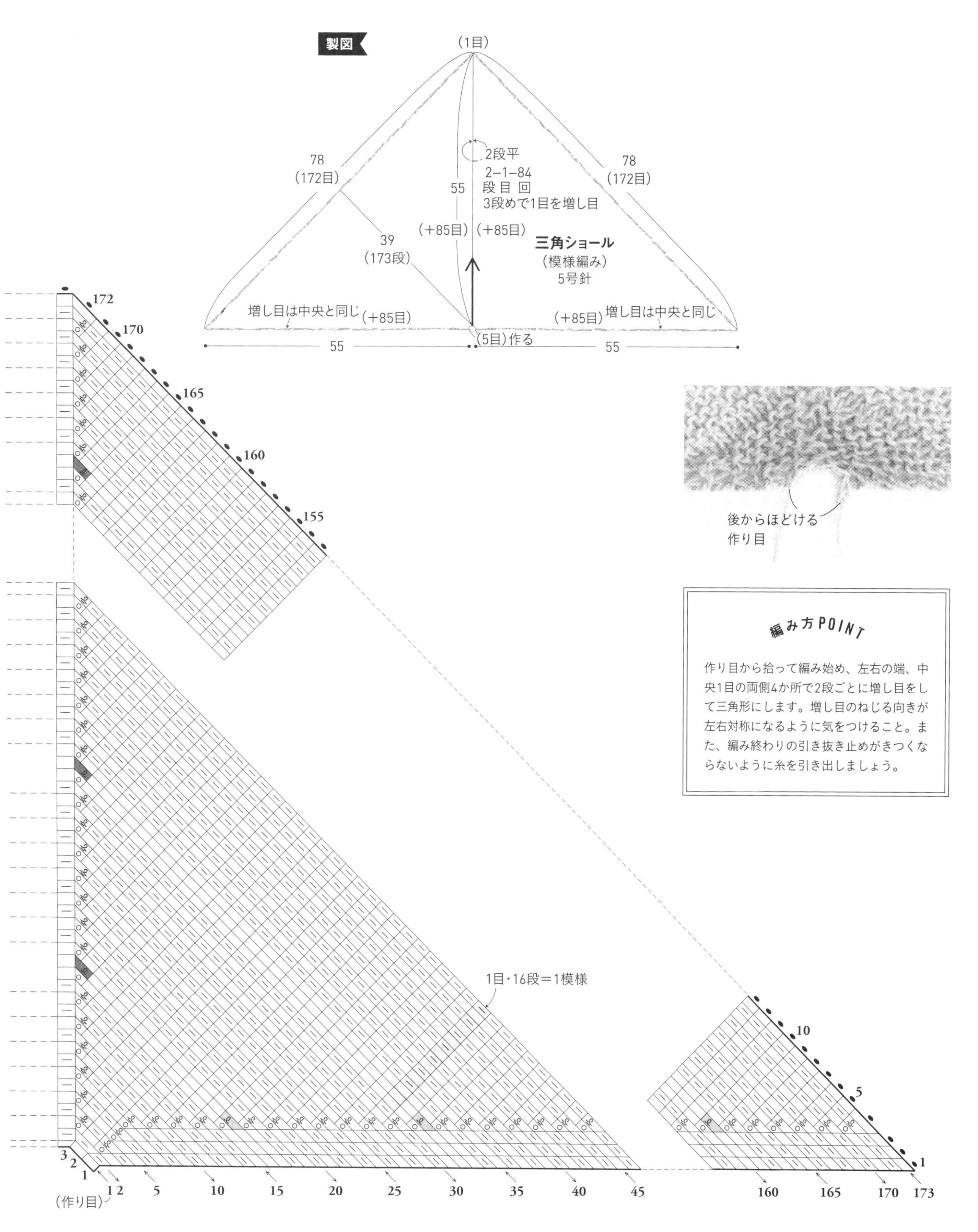
製図
(1目)
78
(172目)
78
(172目)
2段平
2−1−84
段 目 回
3段めで1目を増し目
55
(+85目) (+85目)
39
(173段)
三角ショール
(模様編み)
5号針
増し目は中央と同じ (+85目)
(+85目) 増し目は中央と同じ
55
(5目)作る
55
後からほどける
作り目
編み方POINT
作り目から拾って編み始め、左右の端、中央1目の両側4か所で2段ごとに増し目をして三角形にします。増し目のねじる向きが左右対称になるように気をつけること。また、編み終わりの引き抜き止めがきつくならないように糸を引き出しましょう。
1目・16段=1模様
172
170
165
160
155
10
5
1
3
2
1
(作り目)
1 2 5 10 15 20 25 30 35 40 45
160 165 170 173

P.20
ボーダー模様のベスト

難易度 ●●●

●**材料** 合細程度の混紡糸 深緑…240g、
直径1.5cmの貝ボタン…5個
●**用具** 4/0号かぎ針
そのほかに、とじ針、ボタンつけ用糸など
●**出来上がり寸法** 胸囲90cm 背肩幅35cm 丈56.7cm
●**ゲージ** 模様編み…26目×7.5段＝10cm角

糸の実物大

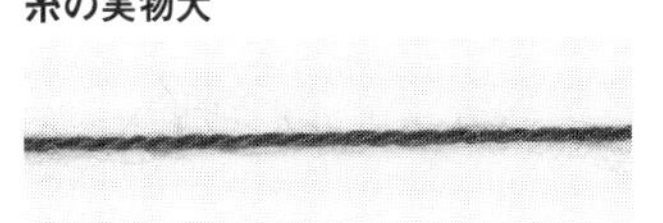

編み方POINT

2本どりで編むので1本を落とさないように、特に長々編みで針に2回かけた糸を引き出すときに注意して編みます。わきをとじる糸は1本なので、鎖目を長編み、長々編みの高さに合わせて編みましょう。

製図

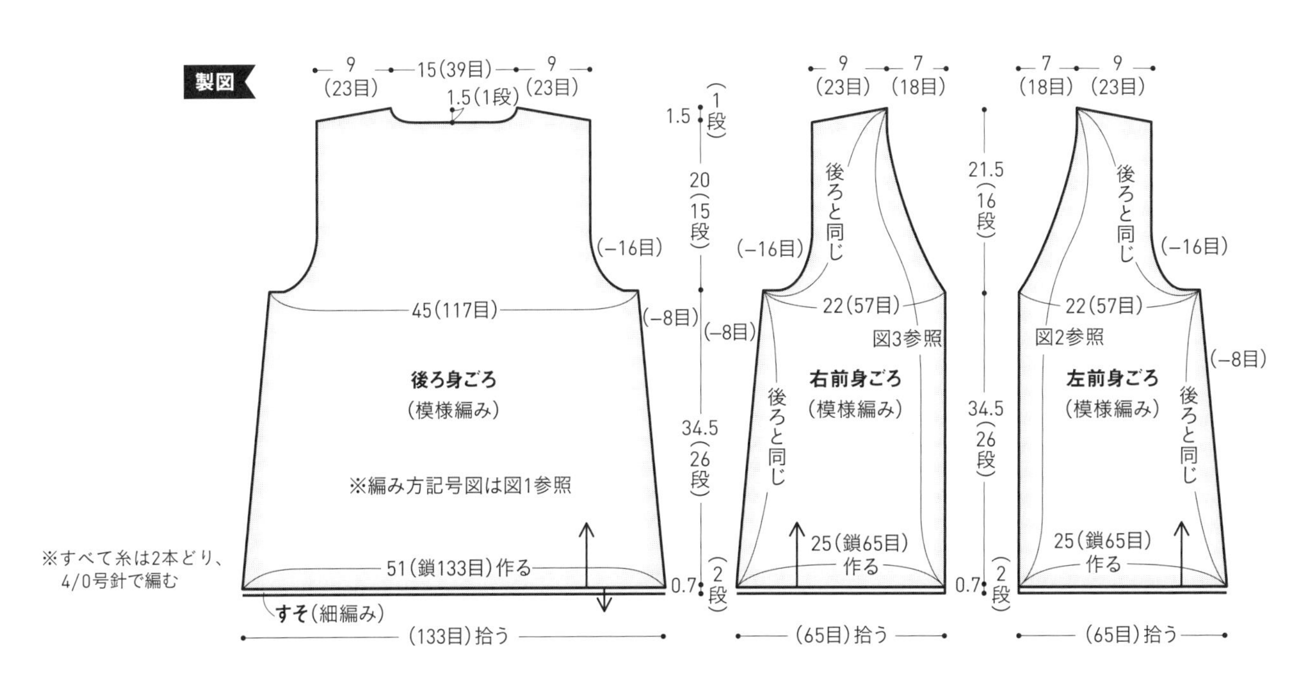

編み方

身ごろ、細編みとも糸は2本どりで編む。

1 後ろ身ごろを編む。編み始めの糸は、1本だけはわきとじ用に120cm残しておく（もう1本は10cm残せばよい）。2本どりで鎖編みで133目の作り目をして編み始める。鎖編みの半目と裏山を拾って模様編みで図1を参照して編む。偶数段で前段の鎖に編むときは、鎖編みの空間にかぎ針を入れ、束にすくう。両肩とも編み終わりの糸は、1本は肩はぎ用に40cm残す（もう1本は10cm残せばよい）。

2 前身ごろを編む。右前身ごろは編み始めで糸を後ろ身ごろと同じように10cmと120cm残す。左前身ごろは2本とも10cmでよい。鎖65目の作り目をして、後ろ身ごろと同じ要領で編み、前端・えりぐりは図2（左前身ごろ）、図3（右前身ごろ）を参照して編む。

3 肩はぎ、わきとじをする。中表に合わせ、それぞれ残した糸1本で肩は全目の巻きはぎ、わきは鎖編みと引き抜き編みでとじ合わせる。

4 縁編みを編む。すそから編む。図2を参照して左前身ごろのすそに糸をつけ、前後身ごろを続けて細編みを2段編む。作り目の空間は束にすくう。次に前立て〜えりぐりを編む。図3を参照して右前身ごろのすその縁編みに糸をつけ、端の目の段を束にすくって、右前立てにボタンホールをあけながら3段編む。そでぐりは図1を参照してわきに糸をつけ、往復編みで輪に3段編む。左前立てにボタンをつける。

前立て・えりぐり・そでぐり（細編み）

(41目)拾う
1 (3段)
1 (3段)
(56目)拾う
(120目)拾う
(1目)
(2目)ボタンホール
(17目)＝△
(93目)拾う
(14目)

図1 後ろ身ごろの編み方記号図

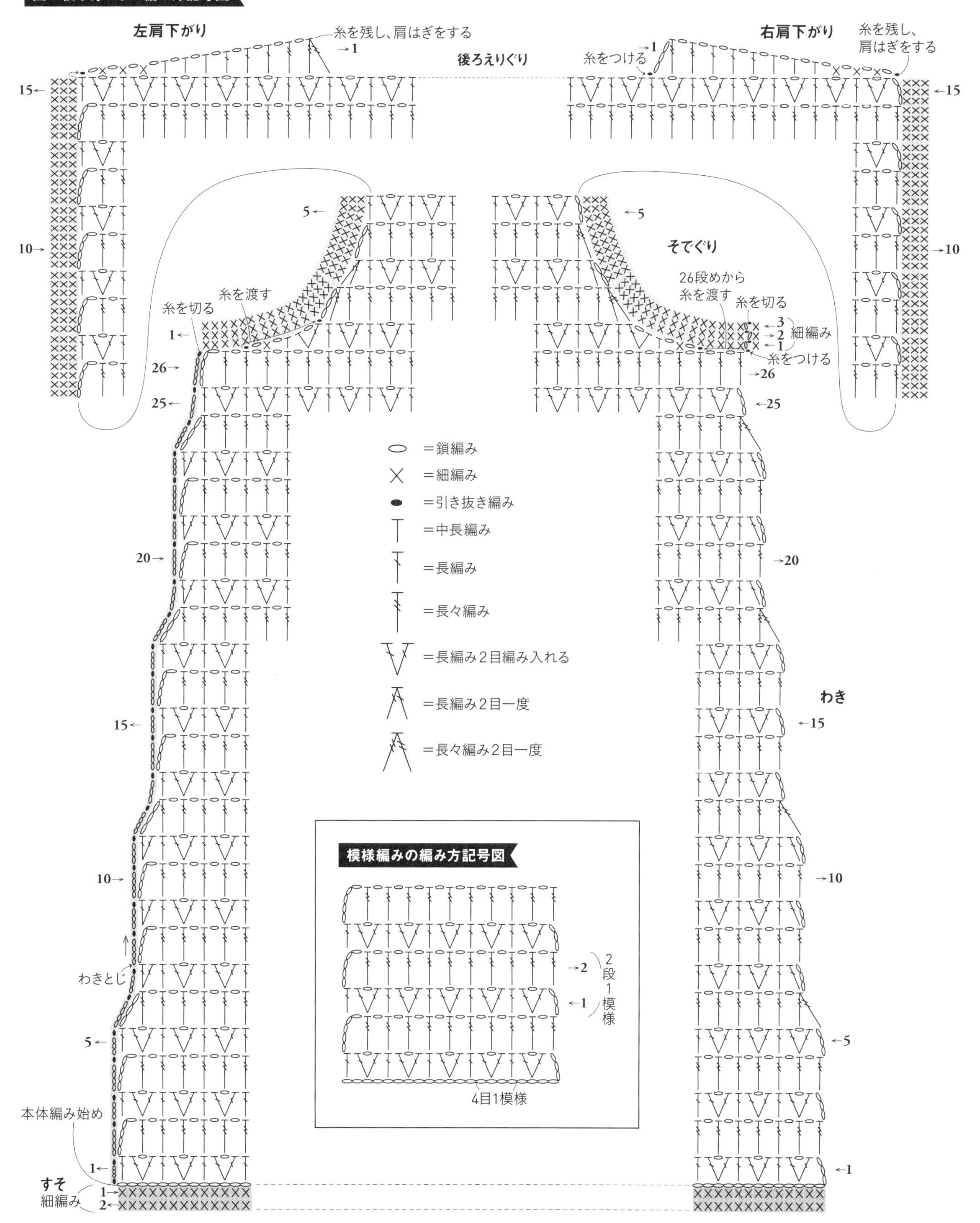

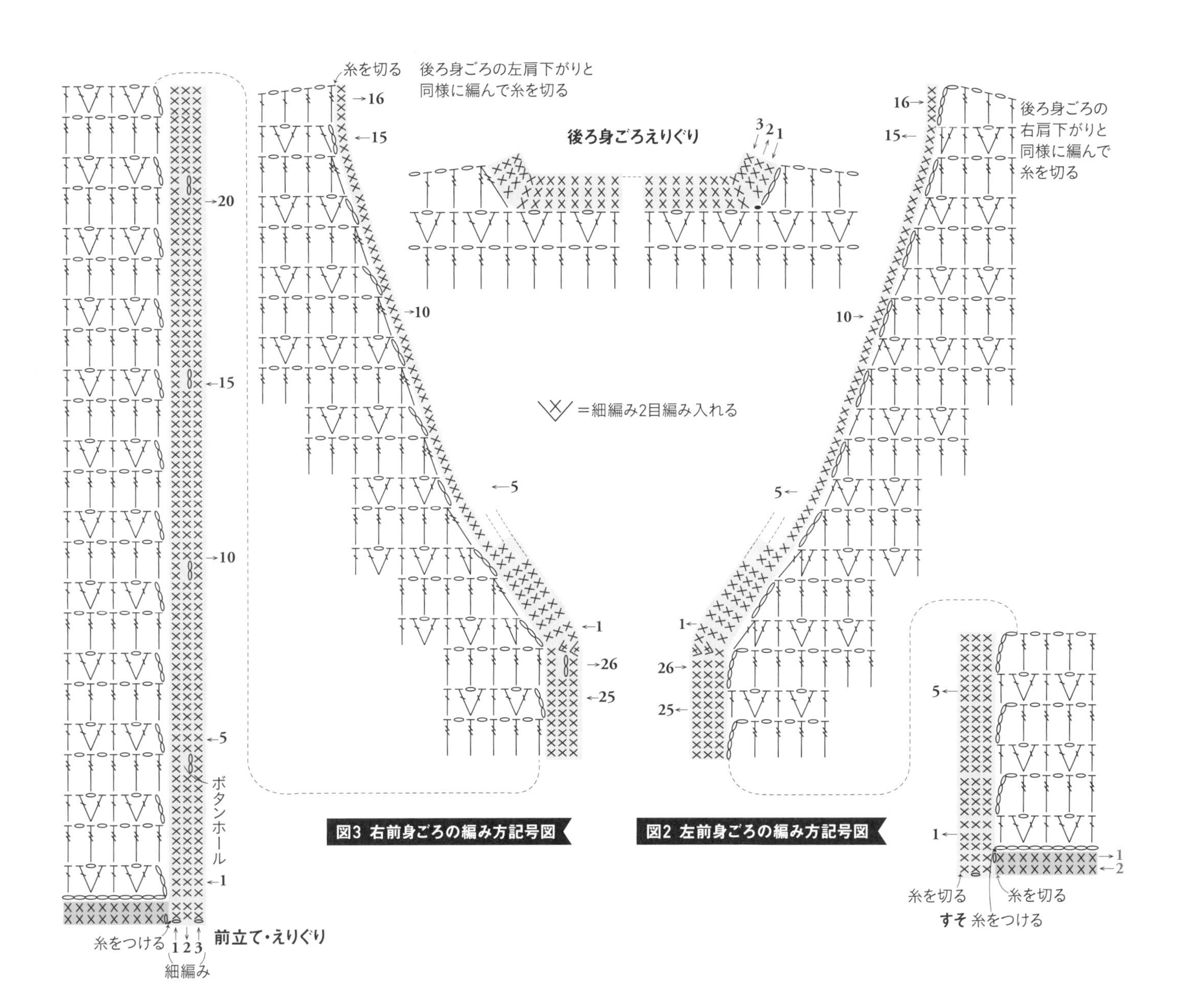

P.16
モチーフつなぎのひざかけ

難易度

- **材料** 合太程度のウール糸 ピンク、えんじ、柿色、オレンジ、うぐいす色、濃いピンク、赤、サーモンピンク、若草色、薄緑、スカーレット、桃色、からし色、アイスグリーン、黄緑、薄いピンク、黄色、ミントグリーン、緑、薄青、レモンイエロー、薄水色、ターコイズブルー、青、水色…各10ｇ 薄いベージュ…200ｇ
- **用具** 5/0号かぎ針 そのほかに、とじ針など
- **出来上がり寸法** 横74㎝ 縦83㎝
- **モチーフのサイズ** 9×9㎝
- モチーフの配色については90ページに掲載。

編み方POINT

中心の輪が広がらないように中心の鎖目はきつめに編みます。毎段、色をかえるので、終わりの目を引き抜いて止めた後、鎖を1目編んで糸を切り、編み始め側、終わり側ともに同色の長編みに半返し縫いの要領でくぐらせて糸始末をします。

糸の実物大

製図

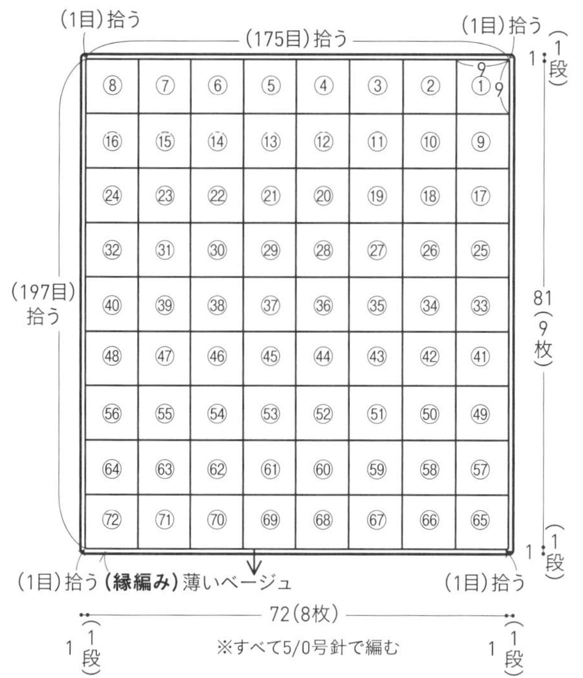

モチーフの編み方

1 鎖編み4目の作り目をして、編み始めの鎖編みに引き抜いて止めて輪にする。1段めは鎖3目で立ち上がり、鎖2目を編んでから鎖編みの輪にかぎ針を入れて、「長編み3目、鎖2目」を3回繰り返す。長編み2目を編み、立ち上がりの鎖3目めに引き抜いて止め、もう一度引き抜いて、糸端を3cm残して切る。

2 2段めは前段の鎖の空間にかぎ針を入れ、束にすくって糸をつけ、鎖5目を編む。以降、編み方記号図を参照して編む（編み終わり、編み始めとも糸端を3目編みくるみ、残りの糸端は半返し縫いの要領でもう一度編み目にくぐらせる）。編み終わりの長編み2目は前段の編み始めの鎖2目の空間を束にすくって編む。3段め、4段めも毎段糸をかえながら編む。モチーフは4段めまで72枚編んでおく。

3 5段めは「モチーフのつなぎ方と縁編み」を参照し、つなぎながら編む。5段めの編み終わりは立ち上がりの鎖3目めに引き抜いて、もう一度かぎ針に糸をかけて鎖を1目編む。裏側で長編みに糸をくぐらせ、糸始末をする。

モチーフの編み方記号図

⬭＝鎖編み
●＝引き抜き編み
長編み記号＝長編み
◀＝糸を切る
▷＝糸をつける

※1〜4段めは配色表（90ページ）を参照して編み、5段めは薄いベージュで編みながらつなぐ

モチーフのつなぎ方と縁編み

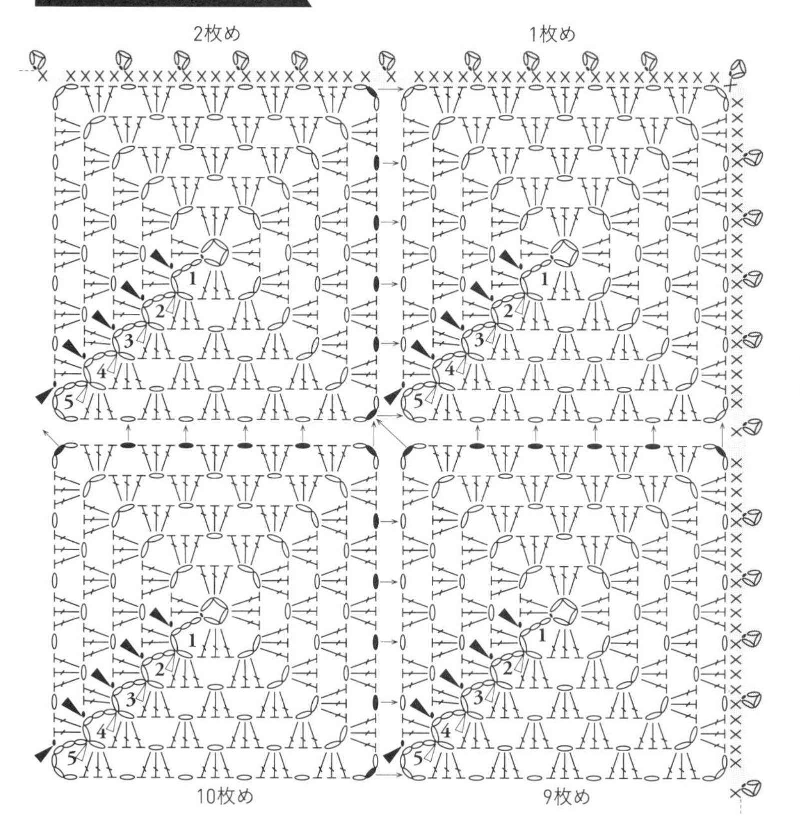

縁編みの編み方記号図

×＝細編み
ピコット記号＝鎖3目のピコット

縁編み
1
72枚め
編み終わりは最初の細編みにチェーンつなぎにする
編み始め

モチーフのつなぎ方

5段めのつなぐ位置の鎖編みは隣りのモチーフの鎖編みの空間に上からかぎ針を入れ、束にすくった引き抜き編みにして、製図内の①〜㉒の順につなぎながら編む。9枚めは1枚めにつなぎ、左上の角は2枚めの引き抜き編みにつなぐ。10枚めの右上角も2枚めの引き抜き編みにつなぐ。以降、角は同じようにつないで編む。72枚めまで編んだら、糸を切らずに鎖1目で立ち上がり、続けて縁編みを編む。前段が鎖編みの部分は束にかぎ針を入れて編む。モチーフとモチーフをつないだ部分は2枚の間にかぎ針を入れて編む。編み終わりは10cm残して糸を切り、とじ針に通す。編み始めの細編みの頭2本をすくって糸を出したところに戻して鎖状にし（チェーンつなぎ）、裏側で糸始末をする。

P.24
編み込み模様のハンドウォーマー

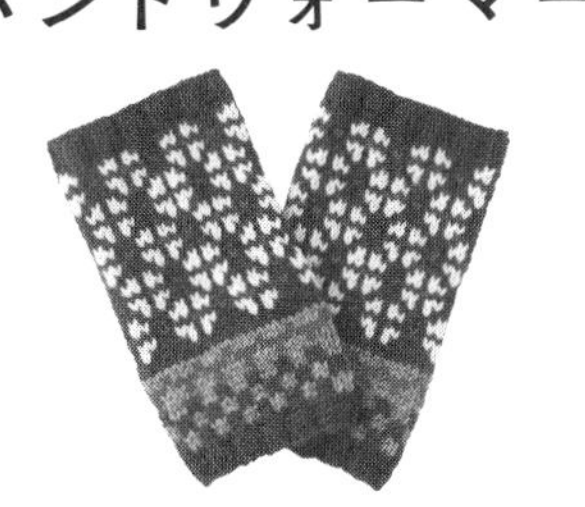

難易度

●**材料**　並太程度のウール糸
グリーン…35g、グレー…10g、
オフホワイト…10g、赤…5g
●**用具**　6号短い4本棒針
そのほかに、7号玉つき棒針1本
（作り目用）、とじ針、段数マーカーなど
●**出来上がり寸法**　手首回り19cm　丈18cm
●**ゲージ**　編み込み模様A・B…25目×27段
＝10cm角

編み方POINT

4色の編み込み模様ですが、一段は2色で編みます。
輪に編むので模様はわかりやすいのですが、編まない
糸がきつく渡らないように編み地を広げて編みます。
地色と配色の渡り糸が上下入れかわらないように注意。

糸の実物大

編み方記号図

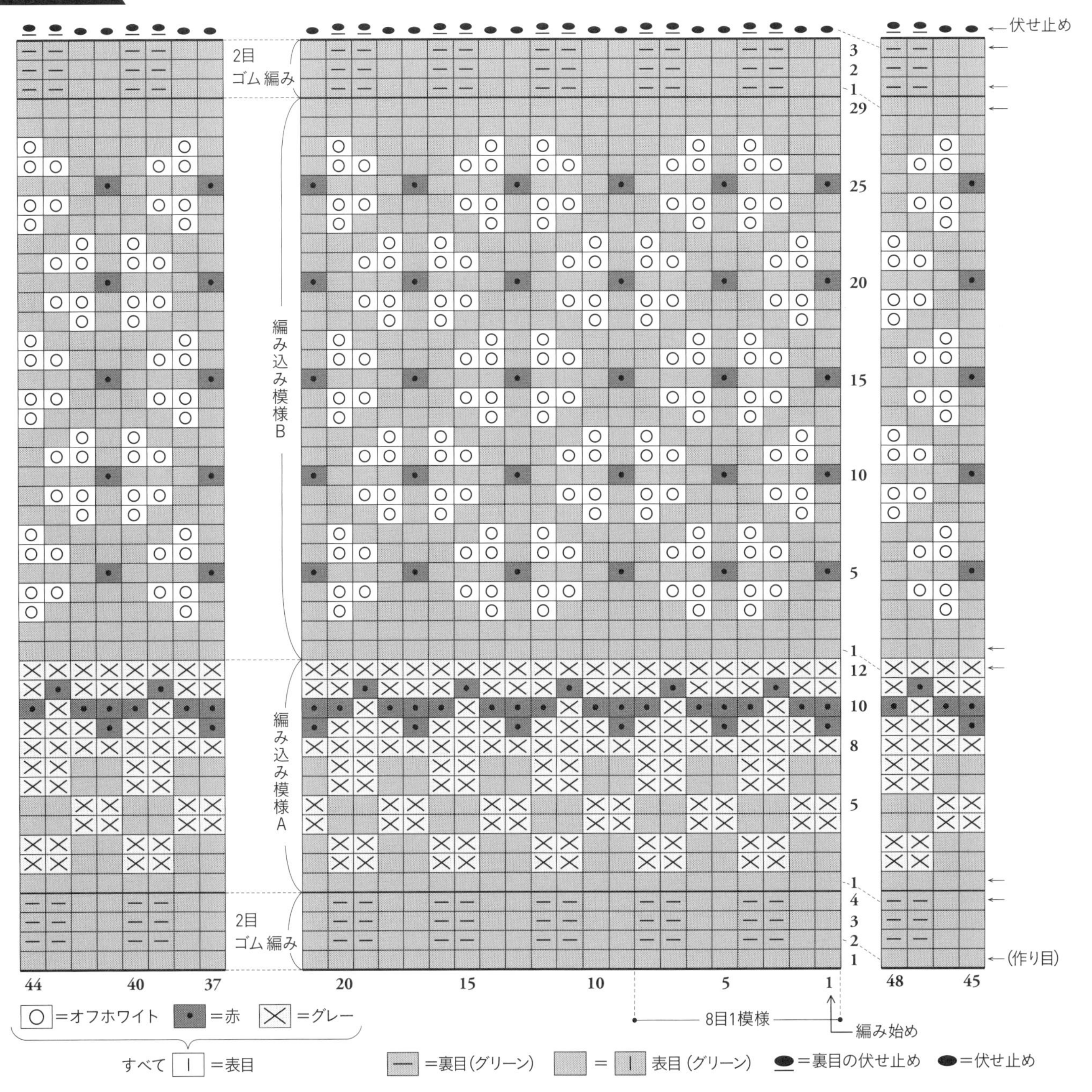

編み方

同じ形を2枚編む。

1 一般的な作り目で48目作り（7号棒針1本）、6号棒針3本に16目ずつ分けて輪にする。4段めまで2目ゴム編みで編む。

2 それ以降は編み方記号図を参照して編み込み模様で編む。輪編みはいつも表側を見て編むので、編み込み模様は表目で編む。段の境目に段数マーカーで印をつけておく。

3 最後の3段は2目ゴム編みで編み、編み終わりは表目は表目、裏目は裏目で編んで伏せ止めにする。伏せ止めが終わったら、糸を目から引き抜いてとじ針に通し、最初の伏せ止めの目に通し、最後の伏せ止めの目に戻して鎖目を作る（チェーンつなぎ）。裏側で糸始末をする。編み始め側の糸端も同様に始末する。

編み込み模様の注意点

ここでは、グリーンを地糸、そのほかの色を配色糸にする。編み込み模様Aの8～12段はグレーを地糸、赤を配色糸にする。糸を横に渡して糸をかえるが、いつも地糸を下、配色糸を上にする。渡り糸はつれたり、ゆるすぎないように一定の長さで渡す。輪編みの編み込み模様は特につれやすいので、少しゆるめに糸を渡す。

製図

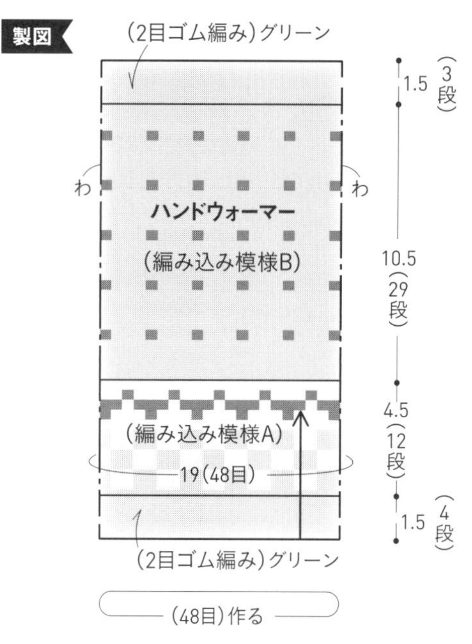

※6号針で編む（作り目は7号針）

P.26
市松模様のひざかけ

製図

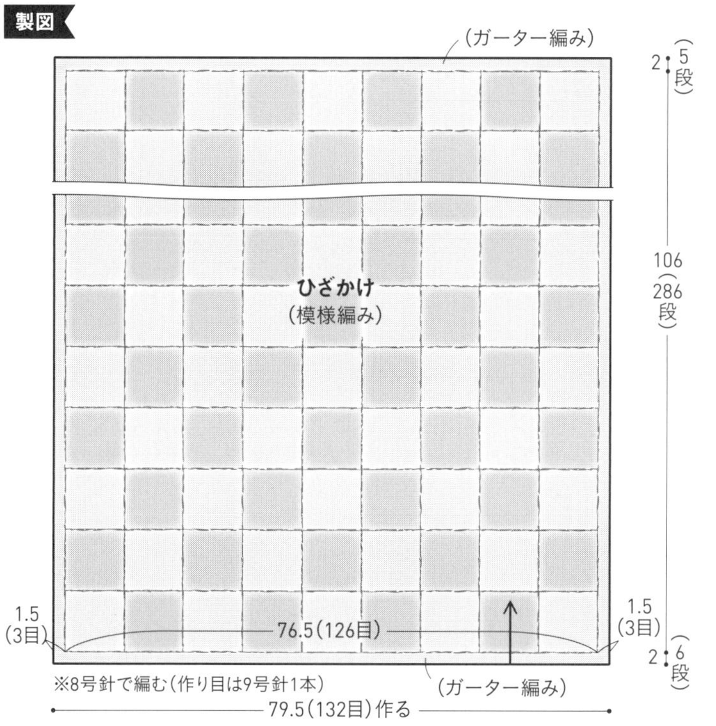

※8号針で編む（作り目は9号針1本）

難易度

- ●**材料** 極太程度のウール糸
  ワインレッド…550g
- ●**用具** 8号玉つき2本棒針、7/0号かぎ針
  そのほかに、9号玉つき棒針1本（作り目用）、とじ針など
- ●**出来上がり寸法** 横79.5cm 縦110cm
- ●**ゲージ** 模様編み…16.5目×27段＝10cm角

糸の実物大

編み方

1 一般的な作り目で132目作る（9号棒針1本）。8号棒針にかえて6段めまでガーター編みで編む。以降は編み方記号図を参照して、模様編みと、両端にガーター編みを配置して編む。模様編みはメリヤス編みとガーター編みで市松模様に編む。メリヤス編みとガーター編みの境目を少しきつめに編むときれいに編み上がる。

2 模様編みを286段編み、ガーター編みで5段編む。編み終わりは7/0号かぎ針で引き抜き止めをする。

編み方記号図

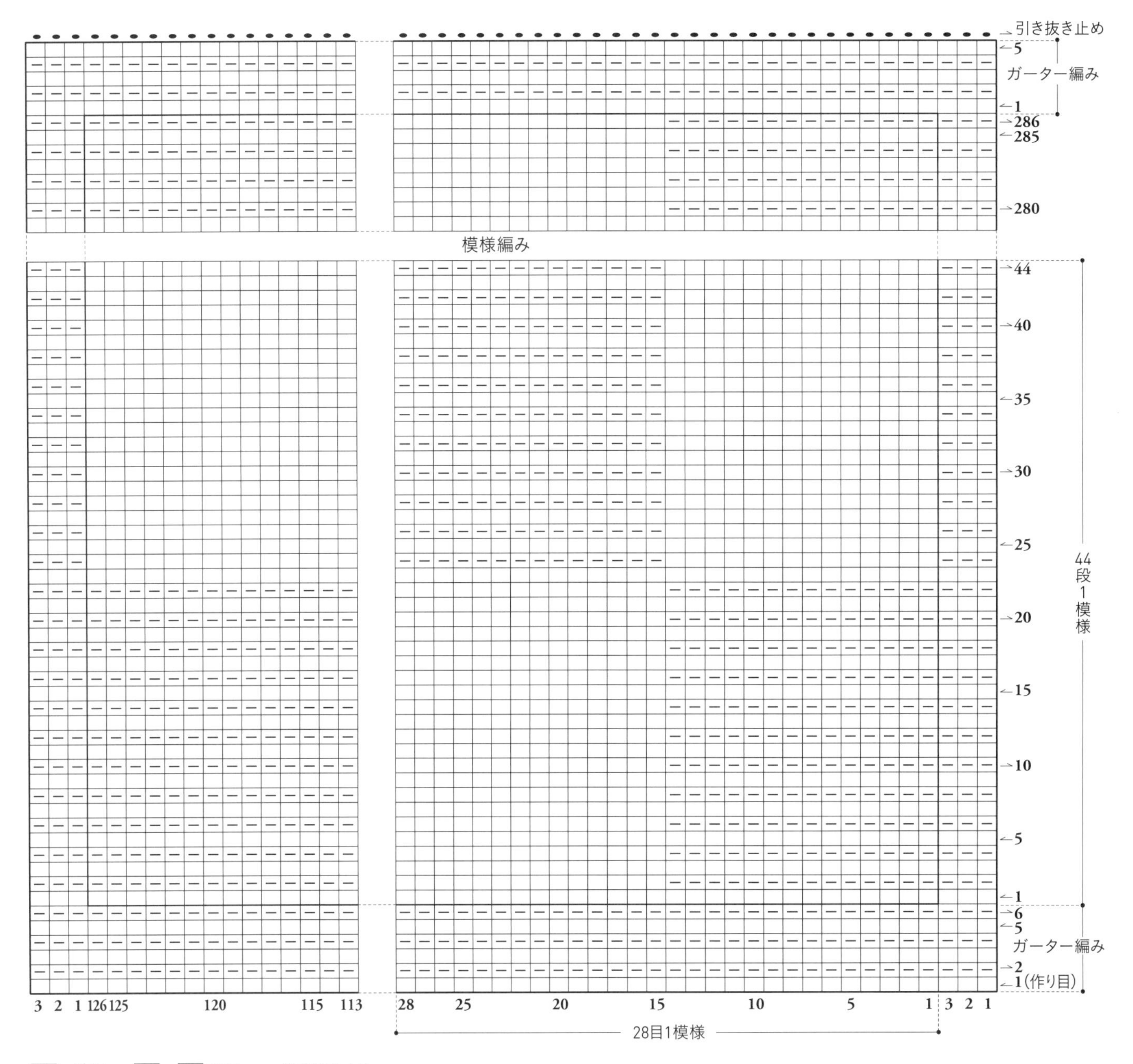

— =裏目　□=| 表目　● =引き抜き止め

編み方POINT

表目と裏目だけで編める簡単で効果的な模様です。編み始めと編み終わり側はガーター編みだけなので、少しきつく編むようにすると仕上がりがきれいに。両サイドも編みっぱなしなので糸をかえるのは裏の少し内側で行います。

P.28

モチーフつなぎのショール

難易度

●**材料**　並太程度の混紡糸
グレー…115ｇ

●**用具**　6/0号かぎ針
そのほかに、とじ針など

●**出来上がり寸法**　幅約33㎝
長さ約138㎝

●**モチーフのサイズ**
縦12.5（13）×横11.5（11）㎝
※（　）内は縦方向に伸びたときのサイズ

糸の実物大

編み方

1　鎖編み4目の作り目をして、編み始めの鎖編みに引き抜いて輪にする。1段めは鎖3目で立ち上がり、鎖編みの輪にかぎ針を入れて、長編み2目の玉編みを編む。「鎖5目、長編み3目の玉編み」を5回繰り返して鎖5目を編み、編み始めの玉編みの頭に引き抜く。

2　2段めは鎖編みの空間にかぎ針を入れて束にすくって引き抜く（編み始めの立ち上がりの位置を移動）。鎖3目で立ち上がり、以降、編み方記号図を参照して編む。4段めの編み終わりは編み始めの細編みの頭に引き抜いて、もう一度かぎ針に糸をかけて引き抜く。

3　裏側で細編み、玉編みに糸を通して、半返し縫いの要領でもう一度くぐらせて糸を切る。

4　モチーフのつなぎ方を参照して、42枚のモチーフを編みながらつなぐ。

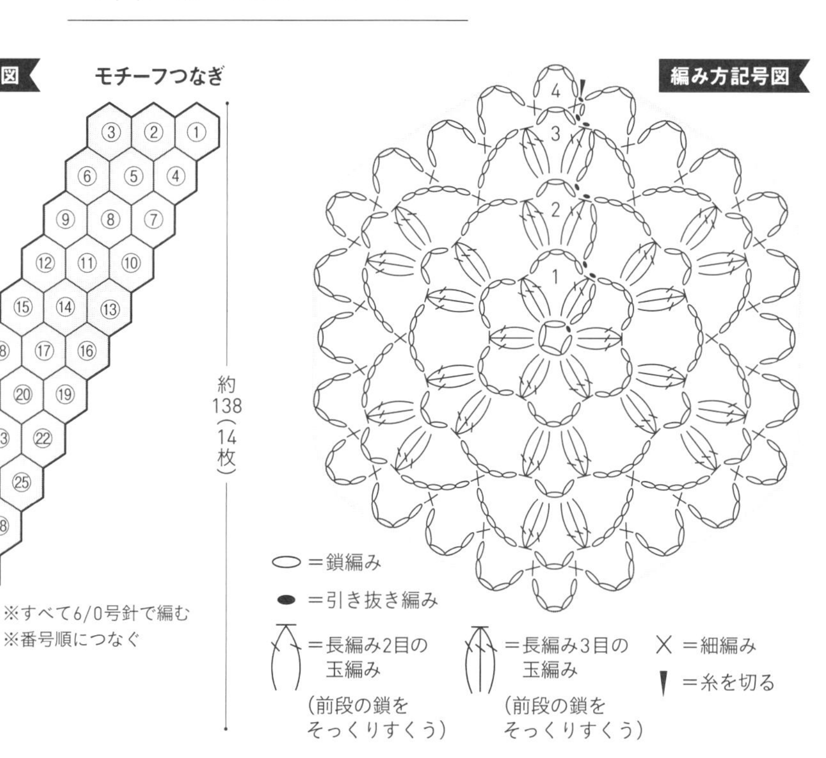

編み方POINT

鎖編みの輪を作って長編み3目の玉編みでV字を6か所作り、六角形に編みます。編み終わりがいつも同じ位置にくるようにつなぎましょう。モチーフは1枚だと六角形ですが、縦に長くつなぐので縦方向に伸びます。

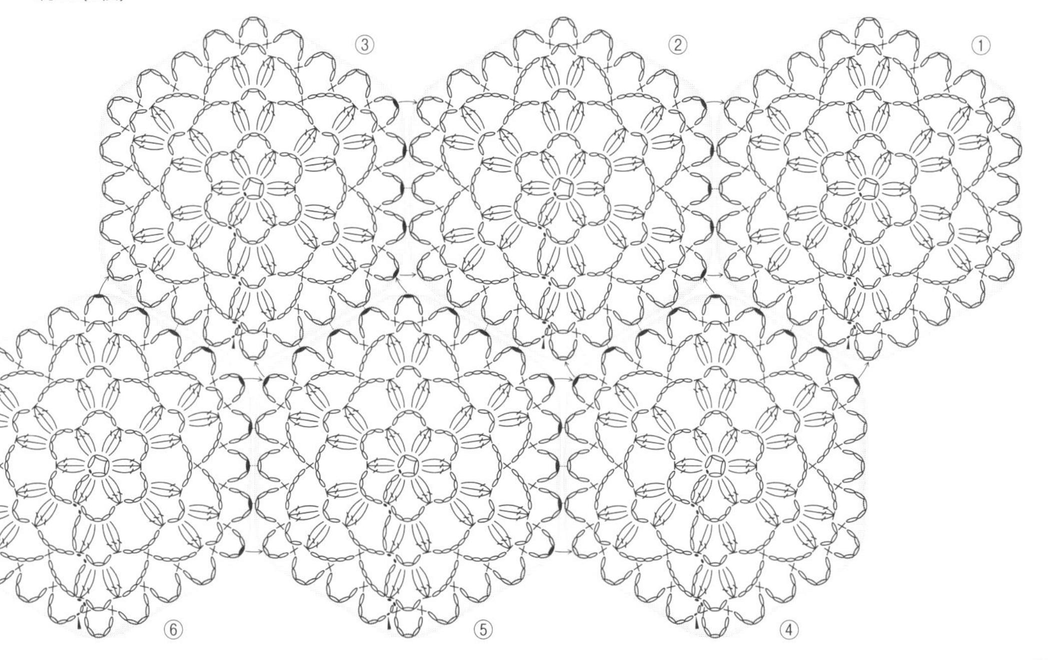

モチーフのつなぎ方

2枚め以降は4段めを編みながら、つなぐ先の鎖編みを束にすくって引き抜き編みでつなぐ。糸始末は1枚ごとに行う。

P.30
ブローチつき ネックウォーマー

難易度 ●●

●**材料**　並太程度の混紡糸　オフホワイト
ネックウォーマー…60g、ブローチ…5g、
直径2.4cmのボタン1個、
2.5cmのブローチピン1個

●**用具**　10/0号かぎ針
そのほかに、とじ針など

●**出来上がり寸法**　ネックウォーマー
…幅12.5cm　長さ58cm
ブローチ…直径約8cm

●**ゲージ**　模様編み…4模様×5段＝10cm角

糸の実物大

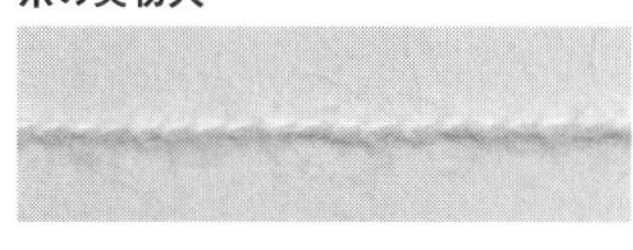

製図

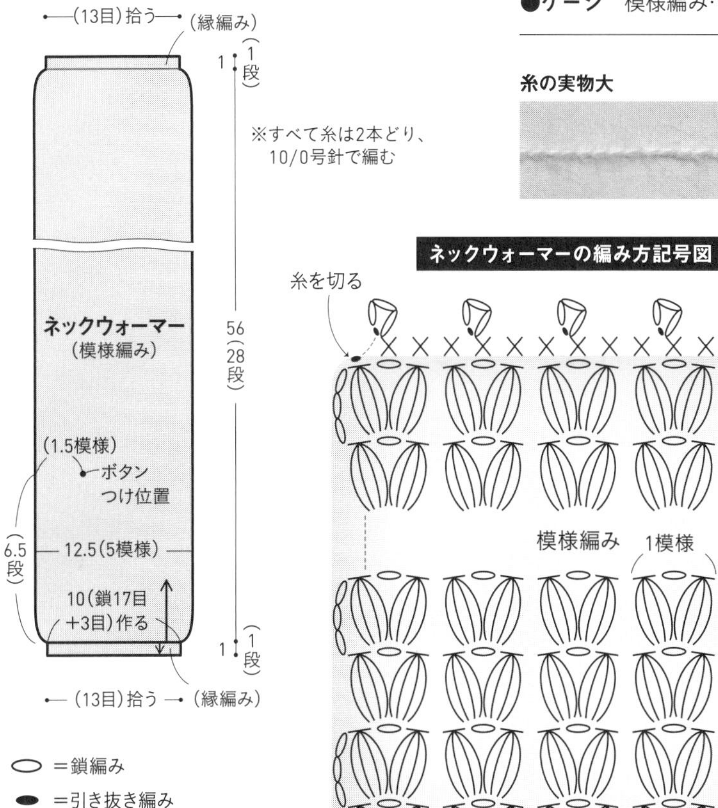

ネックウォーマーの編み方

すべて糸は2本どりで編む。

1　鎖編み17目の作り目をして、鎖3目で立ち上がる。鎖の半目と裏山の2本を拾って模様編みで編み始める。1段めの模様編みは中長編み4目の玉編みを鎖編み1目の半目と裏山を拾って編むが、2段め以降は前段の鎖編みの空間にかぎ針を入れ、束にすくって編む。

2　28段めまで編んだら、続けて縁編みを編む。縁編みも前段が鎖編みの部分は束にすくって編む。

3　編み始め側に糸をつけて、縁編みを編む（玉編みの入っている目は鎖の半目を拾い、作り目の鎖編みの部分は束にすくって編む）。

4　製図の指定位置にボタンをつける。

編み方POINT

中長編み4目の玉編みと鎖編みで編みます。玉編みがふっくらするように、かけた糸を引き出すときは長めに糸を引き出し、引き絞るときはきつく引きます。

ブローチの編み方

すべて糸は2本どりで編む。

1　鎖編み4目の作り目をし、編み始めの鎖編みに引き抜いて輪にする。

2　1段めを編む。鎖2目で立ち上がり、鎖編みの輪にかぎ針を入れて「中長編み3目の玉編み1目、鎖2目」を6回編む。編み終わりは中長編みの玉編みの頭に引き抜く。

3　2段めは鎖編みを束にすくって引き抜く（編み始めの立ち上がりの位置を移動）。鎖2目で立ち上がり、前段の鎖編みを束にすくって「鎖1目、中長編み1目」を7回編む。次の花弁も前段の鎖編みを束にすくって「鎖1目、中長編み1目」を8回編む。これを繰り返す。編み終わりは鎖1目を編んだら立ち上がりの鎖2目めに引き抜き、糸始末をする。

4　裏側にブローチピンを縫いつける。

ブローチの編み方記号図

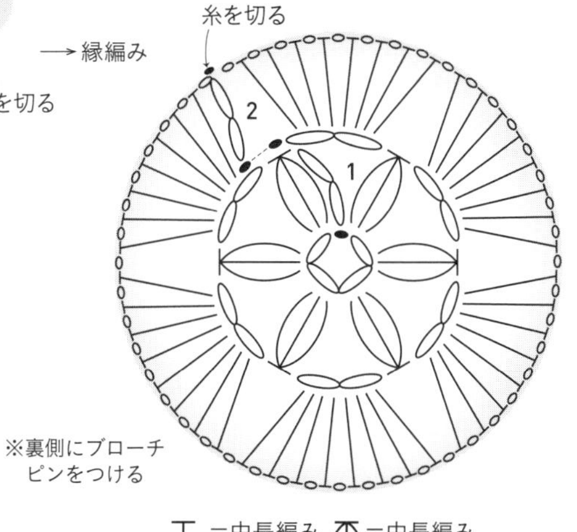

P.32

チェックのポシェット

難易度

●**材料**　合太程度のウール糸　深緑…33g、青…21g、黄緑…11g、水色…6g、茶色…4g、からし色…2g、直径1.4cmのマグネットボタン1組

●**用具**　4/0号かぎ針、6/0号かぎ針　そのほかに、とじ針など

●**出来上がり寸法**　幅18cm　高さ18.5cm

●**ゲージ**　模様編み…26目×31段＝10cm角

糸の実物大

本体の編み方記号図

⋇ 細編みの裏側から1段に1目ずつ引き抜き編みをする

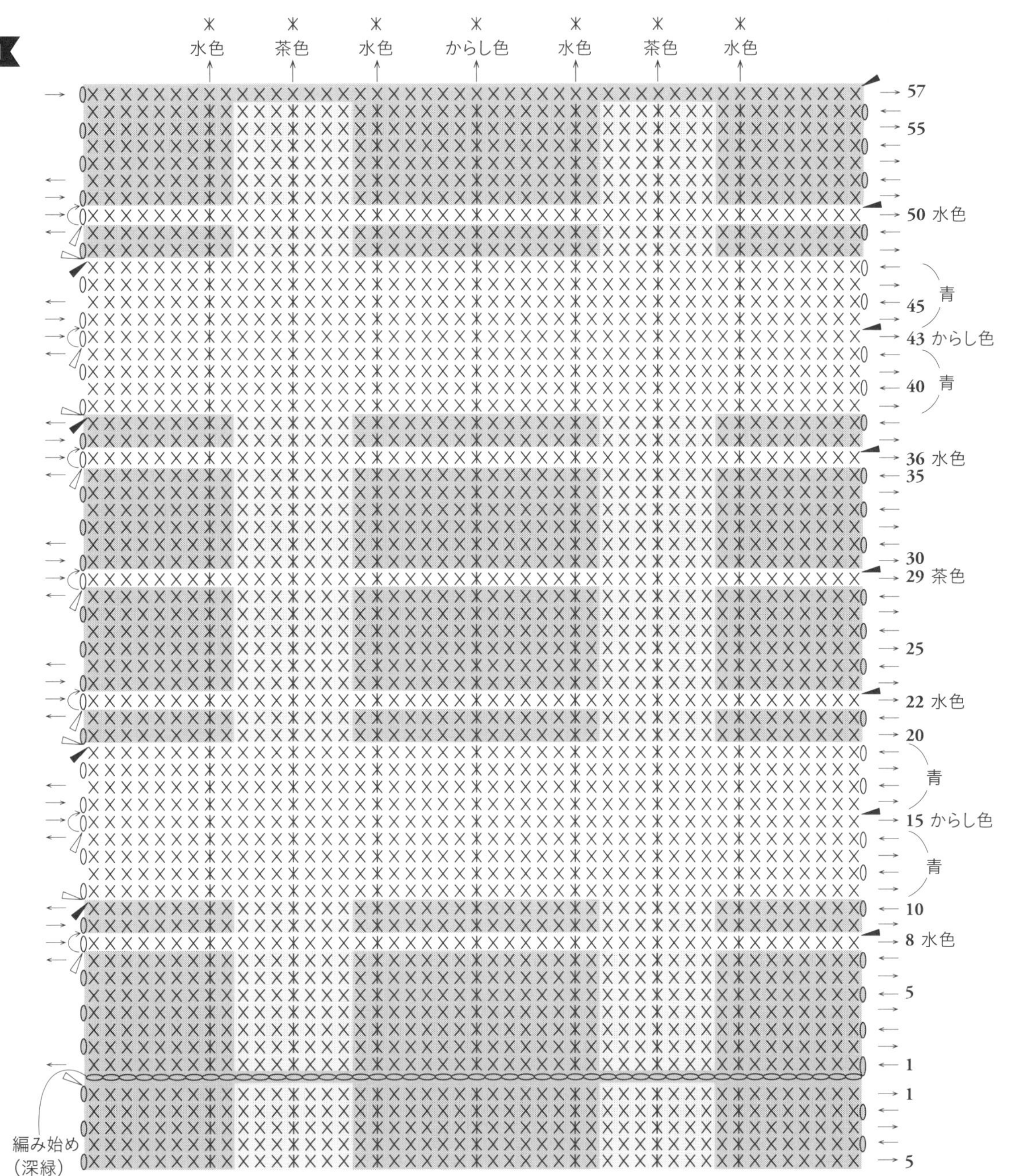

○＝鎖編み

×＝細編み

▷＝糸をつける

▶＝糸を切る

＝深緑

＝黄緑

製図

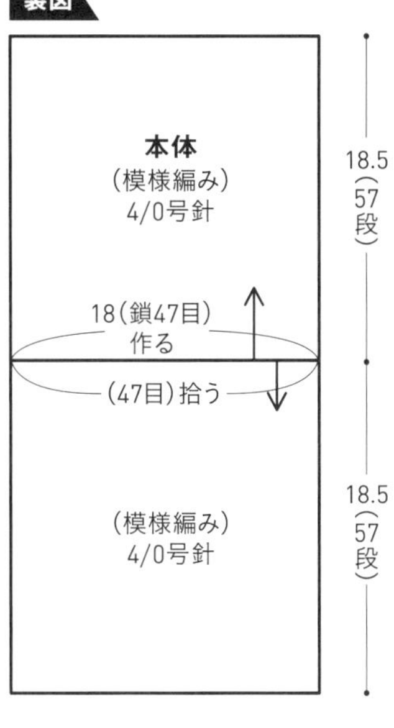

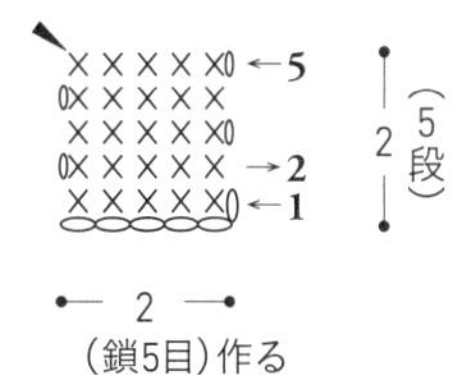

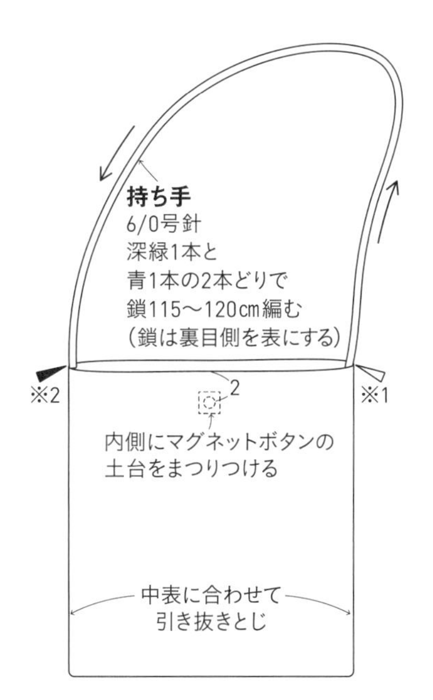

※1 とじた目のわきに内側から針を入れて糸を引き出し、鎖1目を編む。糸端は裏側に出して糸始末をする。

※2 とじた目のわきに内側から針を入れて引き抜き編みでとめる。糸端は裏側に出して糸始末をする。

編み方POINT

底から編み始めます。鎖で作り目をし、1段めから色をかえ、細編みで編みます。色をかえるときは最後の色の細編みの頭がゆるまないようにしながら次の糸をかけて引き出します。

編み方

模様編みは縦に糸を渡す方法で細編みを編む(写真参照)。なるべく糸を切らずに編み進めるため、途中、編み方向をかえているので注意する。1玉を深緑は3玉、黄緑は2玉に巻き直して分けておく。

1 4/0号かぎ針で深緑で鎖編み47目の作り目をする。鎖編みの半目と裏山を拾って模様編みで編み始める。1段めの深緑、黄緑、深緑、黄緑、深緑はそれぞれ糸玉をつけて編む。1段のみ編む横じまの各色は編み始めで糸をつけ、編み終わりごとに糸を切る。

2 反対側は作り目の半目を拾って、先に編んだ部分と対称に編む。

3 指定の位置に裏側から縦のラインを引き抜き編みで編む。

4 両わきは中表に合わせて引き抜きとじで合わせる。

5 持ち手は、わきのとじ位置から深緑1本と青1本の2本どりで鎖編みを115〜120㎝編み、反対側に引き抜き編みでとめる。

6 マグネットボタンの土台を4/0号かぎ針で深緑で編み、マグネットボタンを土台に縫いとめて、本体にまつりつける。

縦に糸を渡す配色の編み方

1

1段め、深緑の9目めは未完成の細編みを編んだところで、糸を下に休ませる。黄緑の糸をかぎ針にかけて引き出す。

2

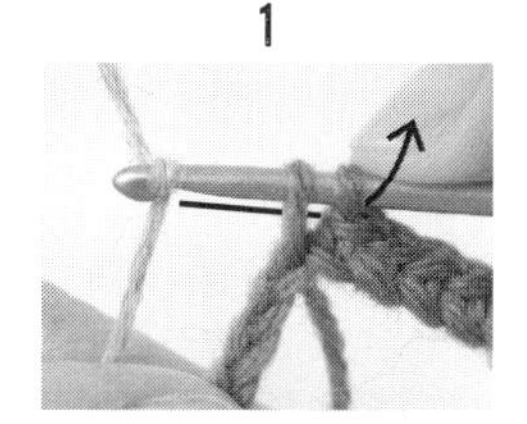

引き出したところ。黄緑の糸端は向こう側に休ませる。

3

作り目の鎖に黄緑で細編みを編んでいく。

4

黄緑から深緑にかえるときも**1**、**2**と同じように糸をかえる。

5

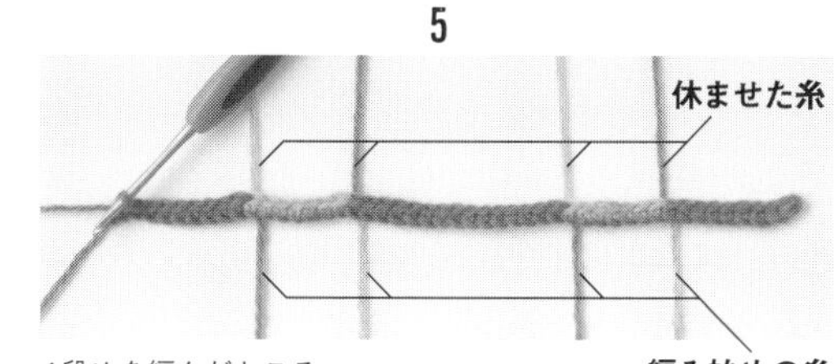

1段めを編んだところ。

6

2段めは裏側なので、糸をかえるときは深緑を手前側に休ませて黄緑にかえる。

7

黄緑で細編みを編む。いつも糸がえは休ませる糸を手前においてかえる。

8

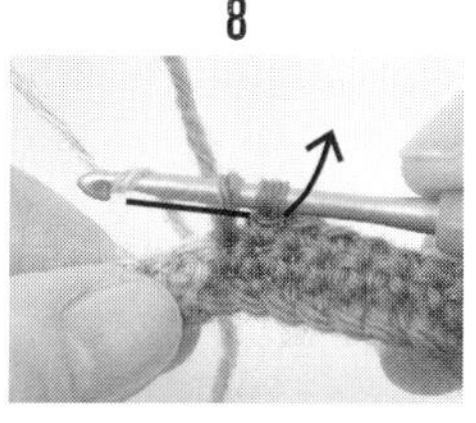

3段めは表側なので、休ませる糸は向こう側において糸をかえる。

P.34
パイナップル模様のスクエアバッグ

難易度

●**材料**　中細程度のリネン糸
アクアブルー…75g
●**用具**　4/0号かぎ針
そのほかに、とじ針など
●**出来上がり寸法**　幅24㎝　高さ28㎝
●**ゲージ**　模様編み…30目×14段
＝10㎝角

糸の実物大

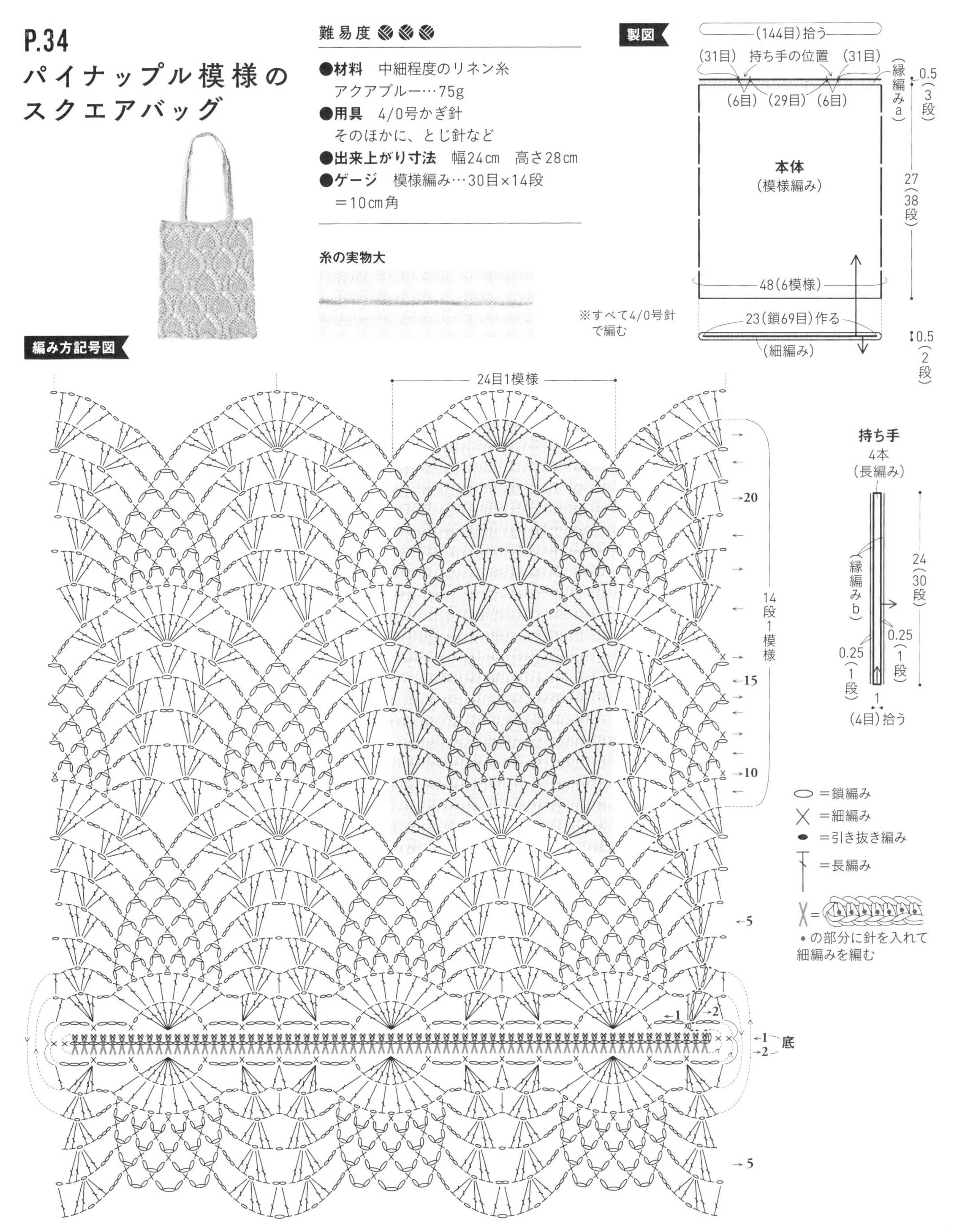

編み方

1 底の部分を編む。鎖編み69目の作り目をする。立ち上がりの鎖1目を編み、鎖編みの半目と裏山を拾って細編みで編み始める。69目めの鎖にもう1目細編みを編み、反対側に2段めの細編みを編む。2段めの細編みは先に編んだ細編みの頭を残して、すっぽりとくるんで編む（記号図の X）。端に細編みを1目編む。

2 本体を編む。編み始めの細編み3目の頭に引き抜き編みを編んで、立ち上がりの位置を移動する。底の細編みから拾って、輪の往復編み（1周編むごとに編み方向をかえる）で模様編みを編む。1〜3段めのパイナップルとパイナップルの間はあきすぎないように模様を調整している。立ち上がりの位置は引き抜き編みで移動する。38段めは下の編み方記号図のように編む。

3 続けて縁編みaを編む。1段めは細編みと鎖3目を編んで模様編みの凹凸を整える。2、3段めは細編みで編む。

4 持ち手を編む。指定位置に350cm残して糸をつけ、縁編みaの細編みから拾って長編みで4か所に30段ずつ編む。2本の中央を全目の巻きはぎでつないで1本にする。両わきに残した糸で縁編みbを編む。

> **編み方POINT**
>
> 底の部分で作り目をして細編み1段を編み、反対に回して、編んだ細編みを編みくるむようにして1段編みます。パイナップル模様とパイナップル模様の間の模様のところで立ち上がり、毎段向きをかえて輪に編みます。

38段めと縁編みと持ち手の編み方記号図

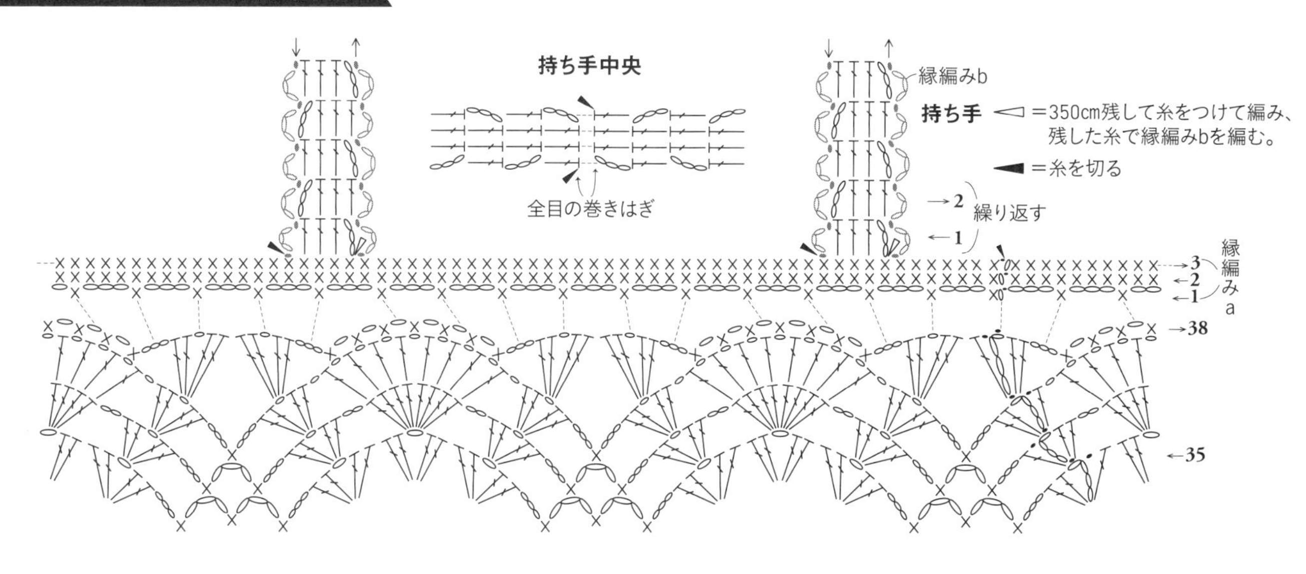

P.35
細編みのサマーバッグ

難易度

●**材料** 中細程度のレーヨン糸　赤、生成り…各60ｇ
●**用具** 6/0号かぎ針　そのほかに、とじ針など
●**出来上がり寸法** 幅26cm　高さ26.5cm
●**ゲージ** 細編み…17目×18段＝10cm角

糸の実物大

編み方

1 本体は赤と生成りの2本どりで編む。鎖編み45目の作り目をして、底から上下に編み分ける。鎖編みの半目と裏山を拾って細編みで編む。持ち手のあき位置のある39段めの12目まで編む。前段の21目は休ませて、鎖編みを21目作り、続けて細編み12目を編む。

2 40段めは12目まで編んだら、前段の鎖編みの半目と裏山を拾って細編みを編む。続けて48段めまで編む。糸は巻きかがり用に50cm残して切る。

3 反対側は糸をつけ、編み始めの鎖の半目を拾って上側と同じ要領で編む。

4 底から外表に二つ折りにし、両端を1目ずつ、毎段巻きかがりとじで合わせる。

5 葉と茎のモチーフは生成り2本どりで編む。鎖編み11目の作り目をし、鎖編みの半目と裏山を拾って葉の一方を編む。鎖の半目を拾ってもう一方を編み、作り目の中央に引き抜き編みで葉脈を編む。続けて茎の鎖編みを編み、もう一方の葉を編む。

6 実のモチーフは赤2本どりで編む。糸輪の作り目をして実を編み、葉のつけ根に縫いつける。

製図

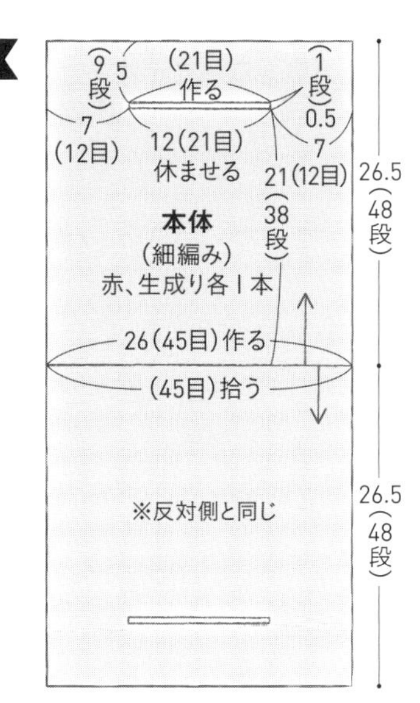

※すべて6/0号針で編む

巻きかがりとじ

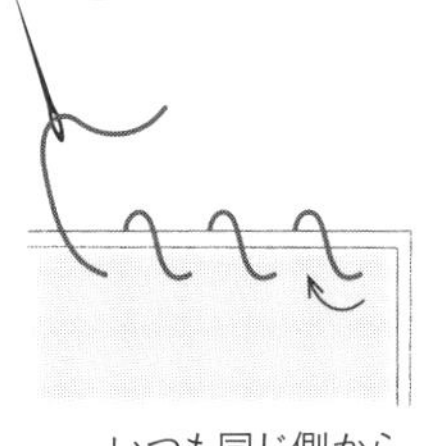

モチーフのつけ方

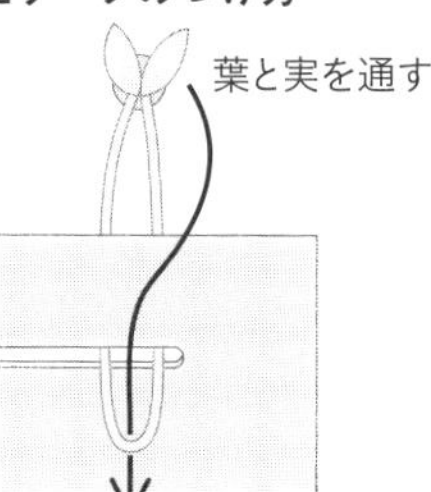

編み方POINT

細いテープ状の糸を2本どりで編みます。本体は2色で編むので1本を落とさないよう注意すること。底で作り目をして入れ口側に向かって編み分け、半分に折って両端を2色の糸で巻きかがりとじで合わせます。

○＝鎖編み ●＝引き抜き編み ×＝細編み
＝細編み2目編み入れる ＝細編み2目一度

本体の編み方記号図

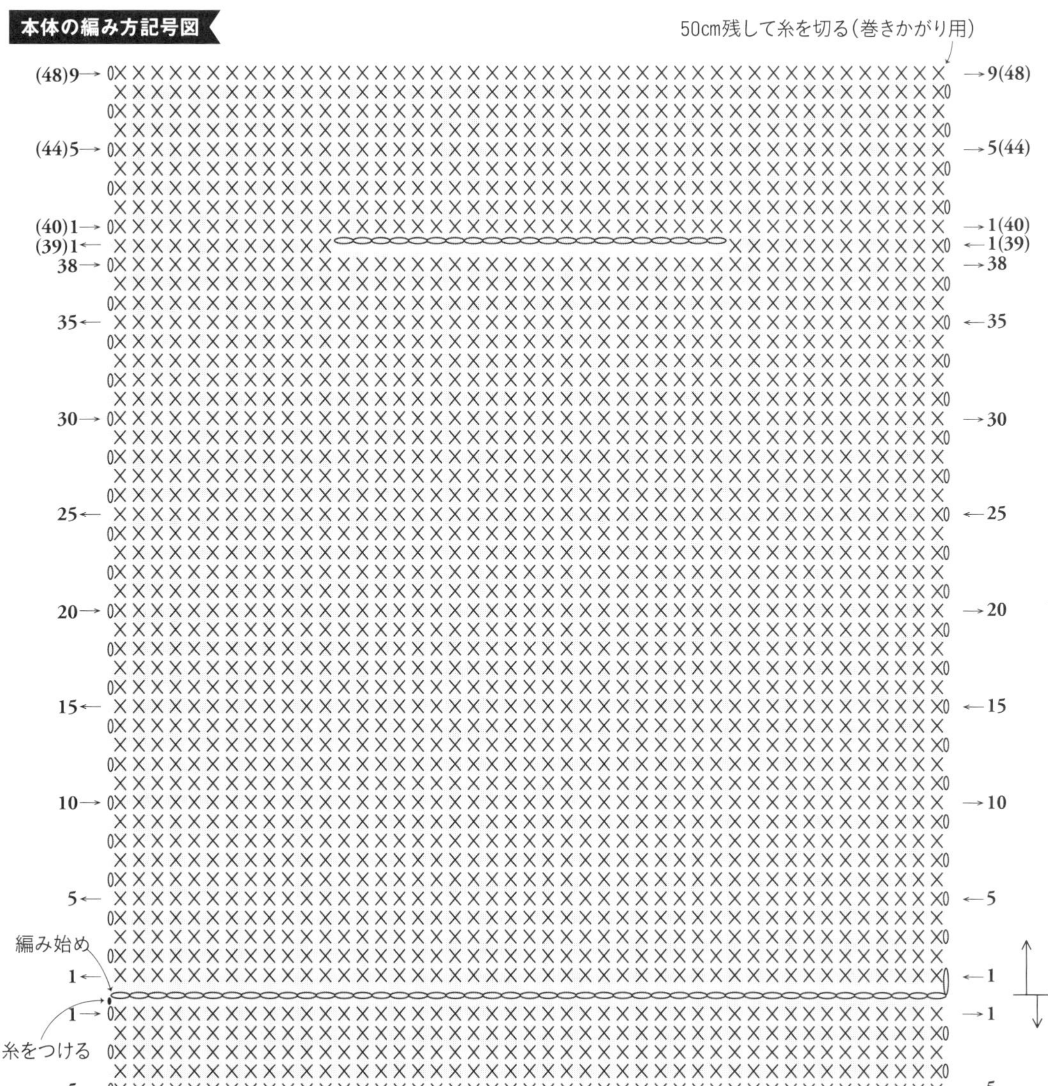

実の編み方記号図

実
赤2本どり

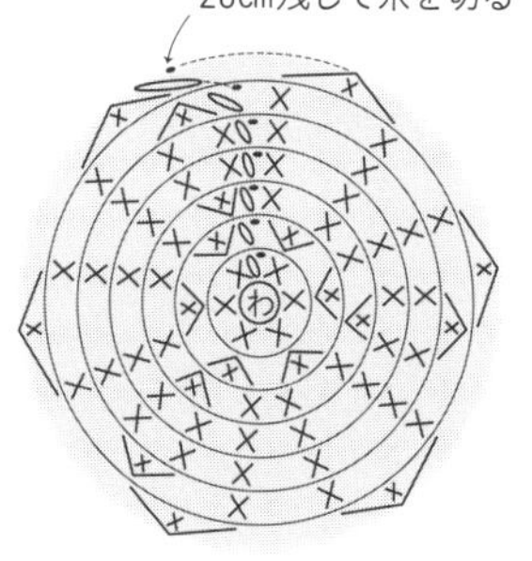

❶ 糸(赤)を詰める

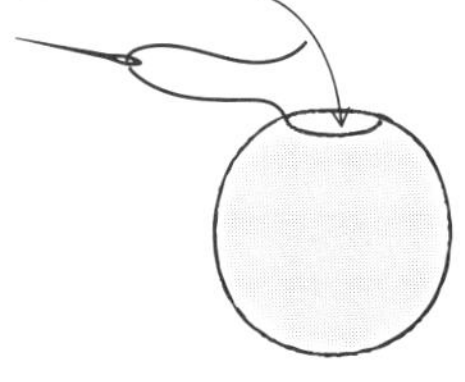

❷ 編み終わりの6目を対角に縫い縮めて絞る

❸ 葉のつけ根に縫いつける

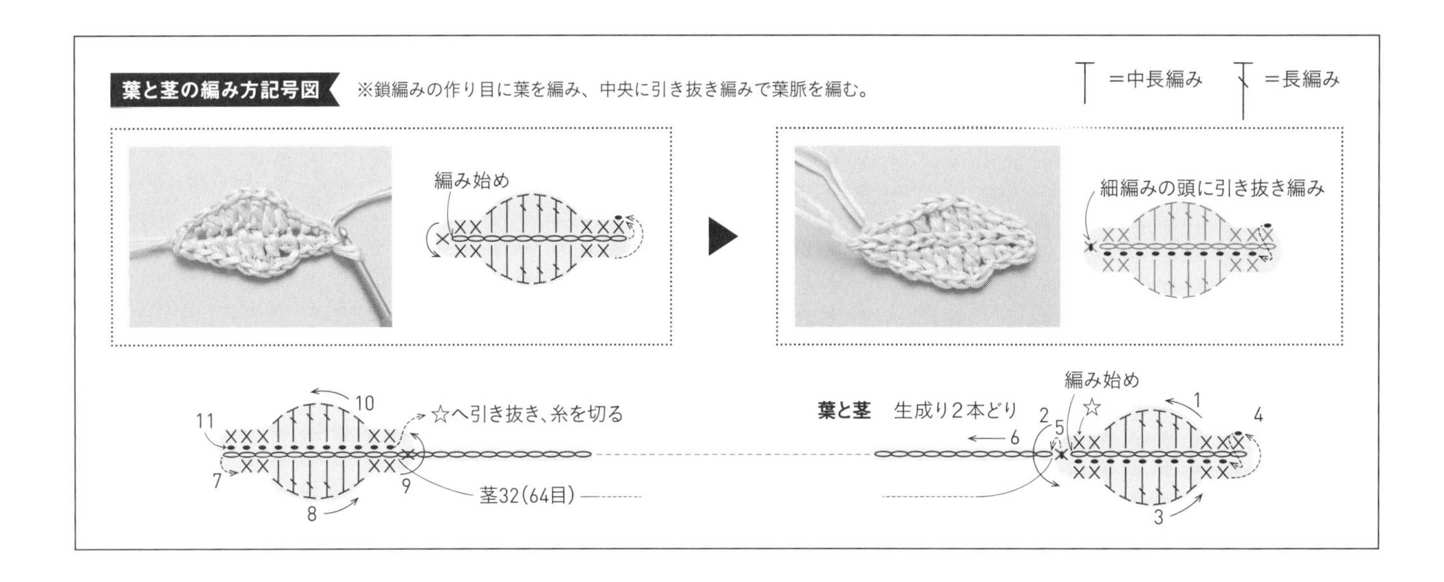

P.36 シェル模様のチュニック

難易度

●**材料**　合太程度のコットン糸　青…270g
●**用具**　5/0号かぎ針、6/0号かぎ針
そのほかに、とじ針、段数マーカーなど
●**出来上がり寸法**　胸囲108cm
ゆき丈27.5cm　丈69cm
●**ゲージ**　模様編み…27目×8段(5/0号)
＝10cm角
24目×7.5段(6/0号)＝10cm角

糸の実物大

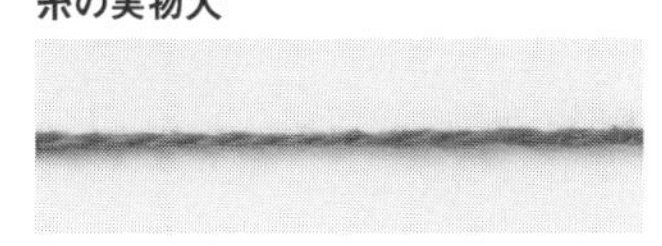

編み方

後ろ、前とも同じものを編む。

1　5/0号かぎ針で①の肩を鎖編み37目の作り目をして、鎖編みの半目と裏山を拾って模様編みで編み始める。3段編んで糸を休ませる。②の肩を同じように3段編み、えりぐりの鎖71目を続けて編む。休ませておいた3段めの立ち上がりの鎖3目めに引き抜き編みで止めて糸を切る。休ませた糸で4段めを編み、えりぐりの71目を模様編みで編み、反対側まで編む。そであき止まりに段数マーカーで印をつけておく。25段めから6/0号かぎ針にかえて編む。最後の段は鎖3目のピコットを入れて編む。

2　肩は中表に合わせて鎖編みと引き抜きはぎ、わき(そであき位置からすそに向かって始める)は鎖編みと引き抜きとじで合わせる。

3　えりぐりは後ろ右側の指定位置、そで口はあき止まりに糸をつけて、5/0号かぎ針で縁編みを輪に編む。

製図

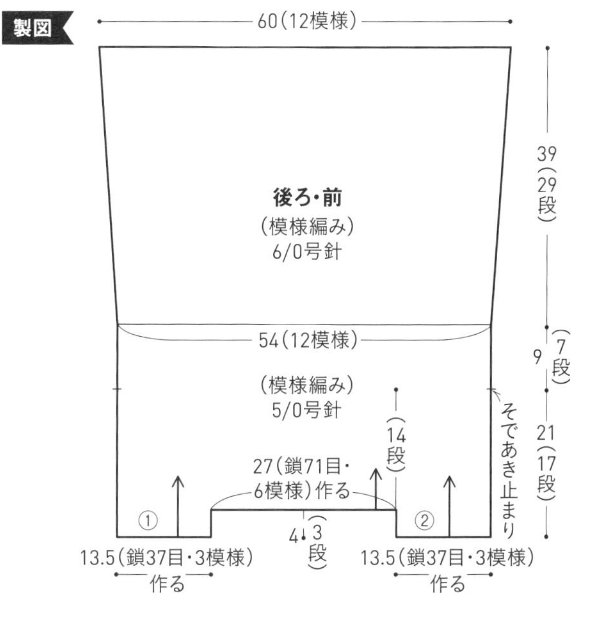

編み方記号図

肩・えりぐり

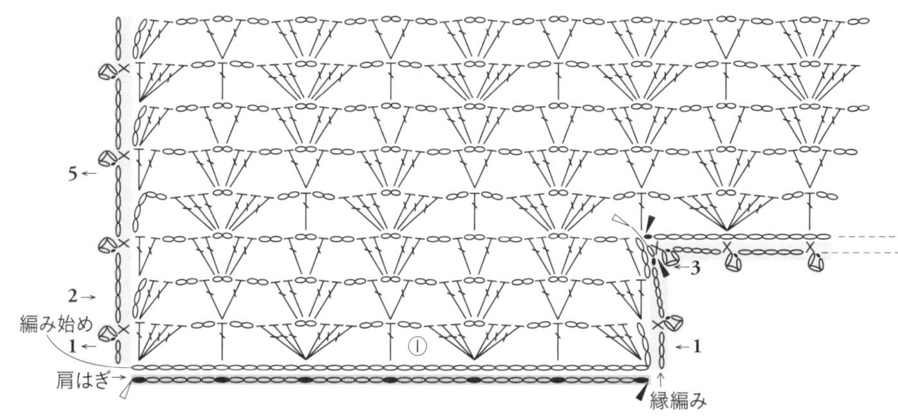

模様編み

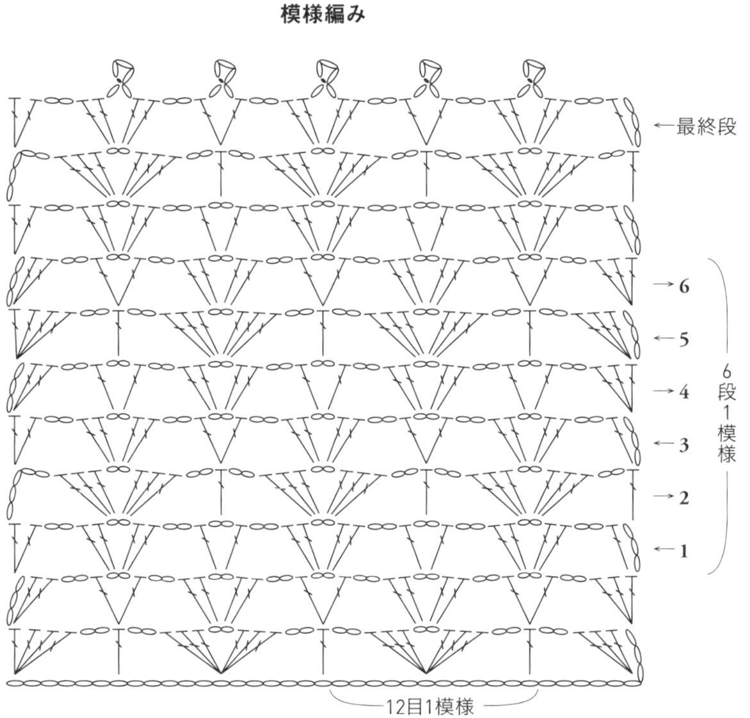

わき・そで口

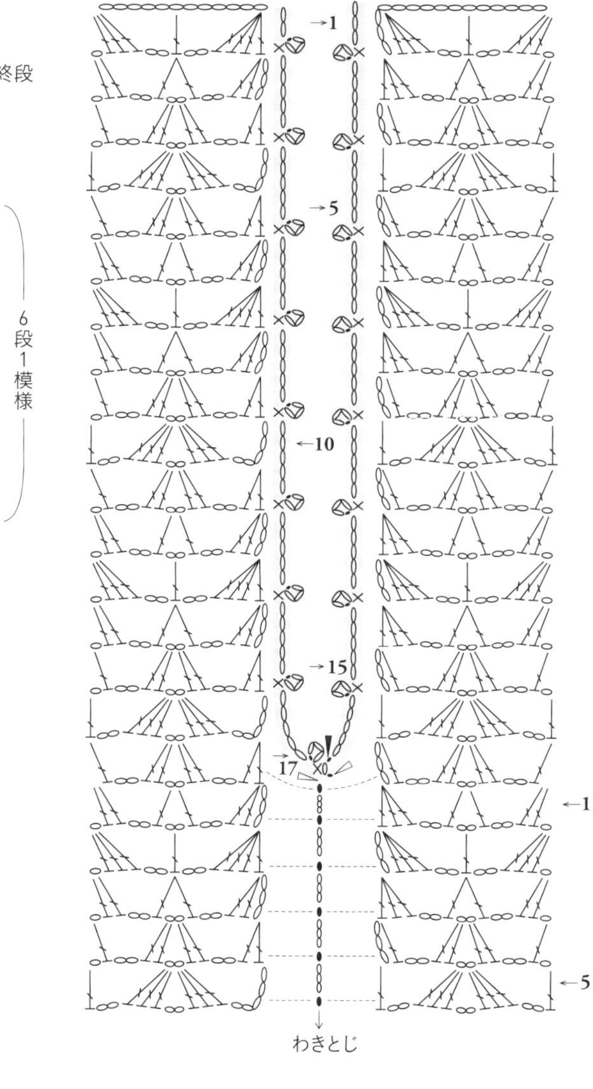

えりぐり・そで口

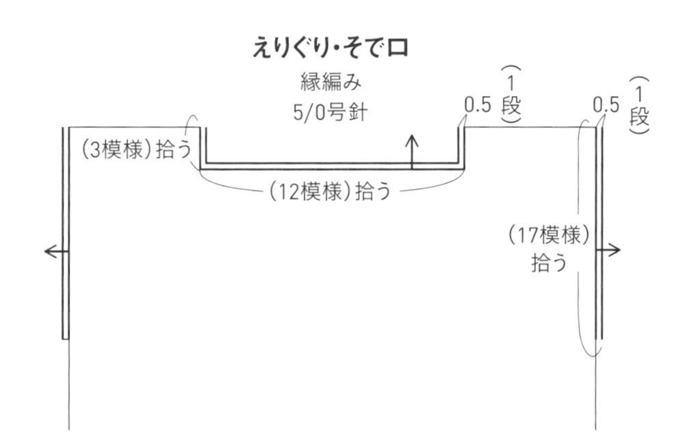

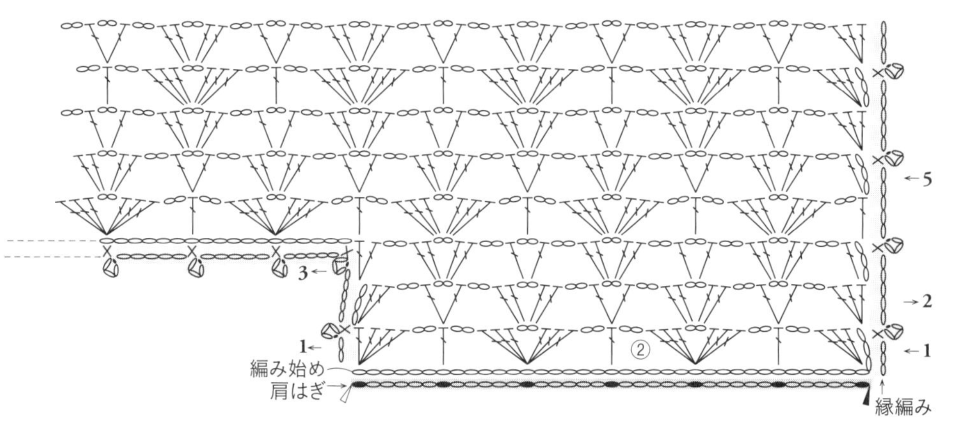

編み方POINT

肩で作り目をし、すそに向かって編みます。1段めと4段めは鎖目に長編みを3目ずつ編み入れます。それ以外は前段の鎖を束に拾って長編み。長編みの足が短いと目がつまるのでゆったり編み、えりぐりの縁編みの鎖目はきつめに編みます。

P.38
パフスリーブのマーガレット

難易度 ●●

●**材料**　合太程度のリネン糸
グレイッシュピンク…130g
●**用具**　6号玉つき2本棒針、3号玉つき2本棒針、3/0号かぎ針
そのほかに、合太程度のコットン糸（作り目用）、とじ針、段数マーカーなど
●**出来上がり寸法**　ゆき丈53㎝　丈59㎝
●**ゲージ**　模様編み…21目×27段＝10㎝角

糸の実物大

編み方POINT

本体を編み終わったら、そで口を拾う前に編み地を広げてスチームをしっかりかけ、整えるのがポイント。そで口にギャザーを寄せるため、別鎖からほどいた目を拾って減目をして編みます。

編み方

1　本体を編む。3/0号かぎ針で別糸で鎖編み122目を編み（後からほどける作り目）、6号棒針で鎖の裏山を編み終わりから拾って編み始める。模様編みで編む。模様編みは両端から3目めを裏目で編む。製図を参照し、あき止まりには段数マーカーで印をつけておく。

2　そで口を編む前に、編み地を広げてスチームをかけてしっかりと整えておく。そで口の1段めは3号棒針で両端のとじしろ1目ずつを残して全目を左上2目一度で減らし目する。2段めは「裏目の左上2目一度、裏目4目（実際に編むのは表目の左上2目一度と表目）」を繰り返し、全部で52目にする。ガーター編みで31段めまで編み、編み終わりは裏側から3/0号かぎ針で引き抜き止めをする。

3　もう一方のそで口は作り目の鎖編みをほどきながら目を3号棒針に移す。糸をつけて、**2**と同じ要領で、1段め、2段めで減らし目をしてからガーター編みで編み、3/0号かぎ針で目を止める。

4　そで下位置はとじ針で、端1目内側をすくいとじで合わせる。

5　身ごろのあき位置に表から3/0号かぎ針で縁編み1段を編んで整える。

本体・そで口の製図

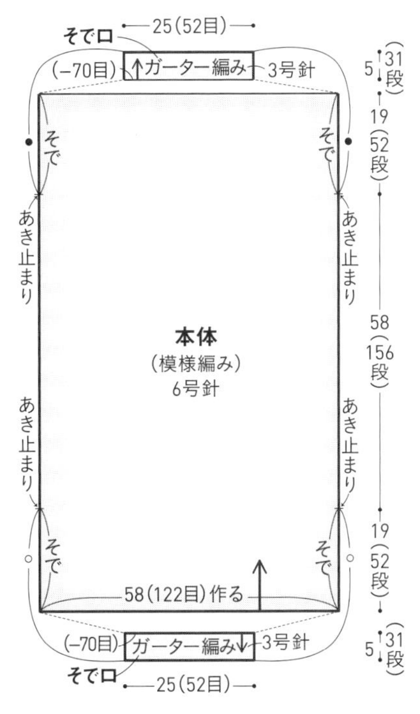

編み始めからのガーター編みの拾い方

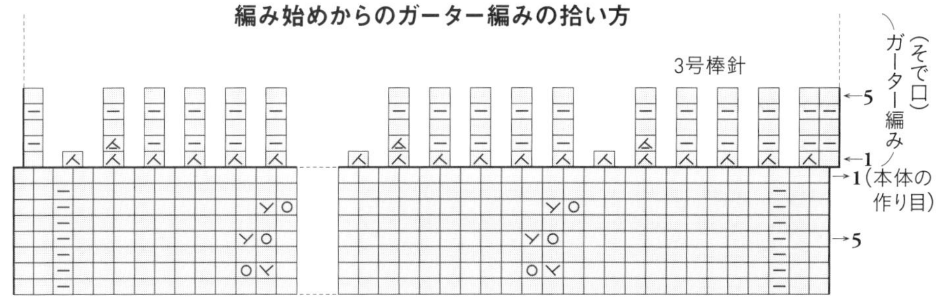

身ごろのあき（縁編みの製図）

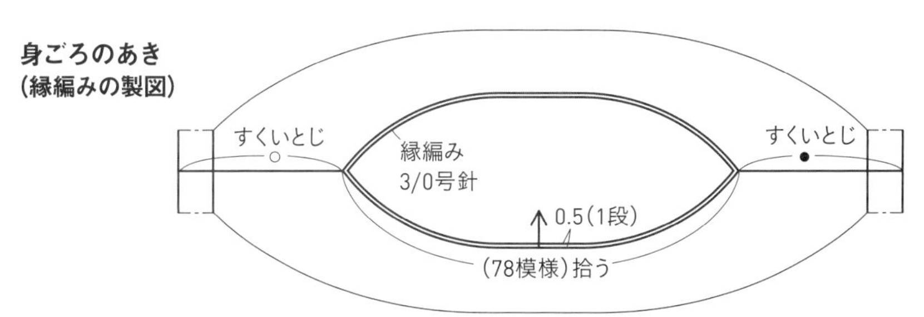

縁編み

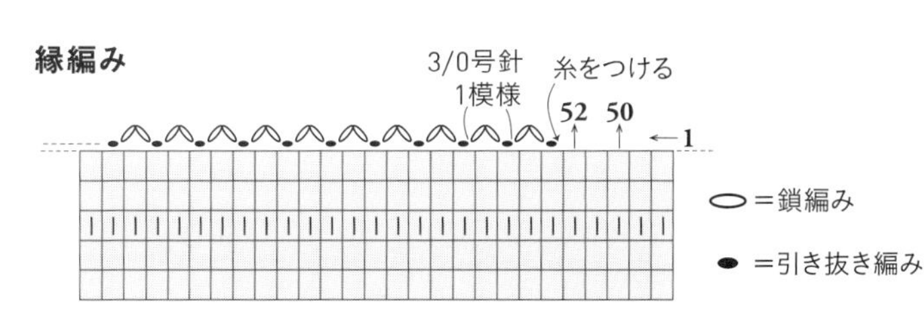

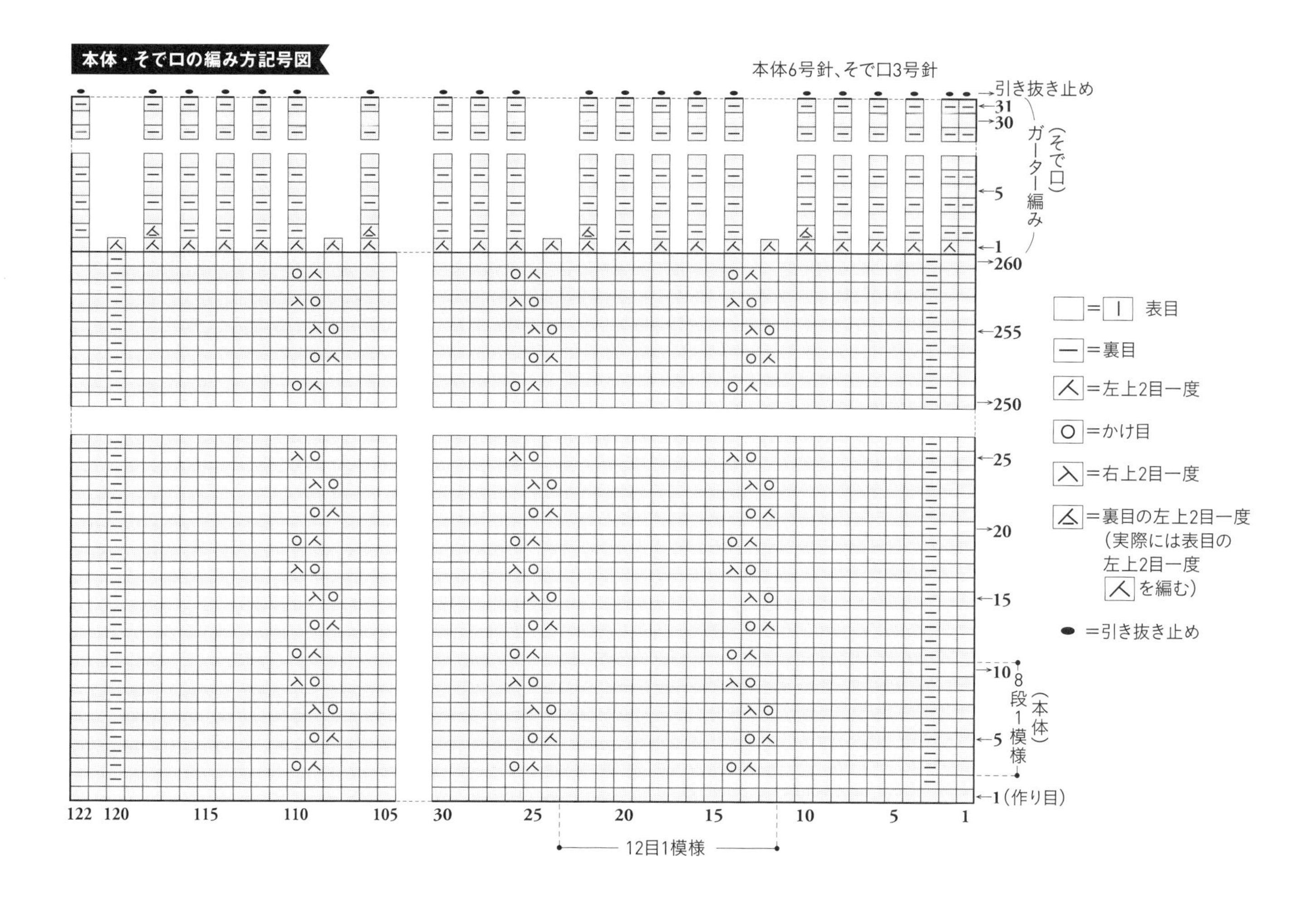

P.40
バイカラーの プルオーバー

メリヤス編み

メリヤス編みの裏側

糸の実物大

難易度

●**材料**　合太程度の変わり糸
水色…125g、白…85g

●**用具**　8号玉つき2本棒針(本体用)、
6号4本棒針(えり、そで口用)、
6/0号かぎ針(引き抜きはぎ用)、
5/0号かぎ針(引き抜き止め用)
そのほかに、9号玉つき棒針1本
(作り目用)、中細程度のコットンの
ストレート糸　白、水色(わきのとじ糸)、
とじ針、段数マーカーなど

●**出来上がり寸法**　胸囲96cm
ゆき丈30.5cm　丈50.5cm

●**ゲージ**　メリヤス編み…16目×25段
＝10cm角

編み方

1　後ろ身ごろを編む。白の糸で、一般的な作り目で83目作り（9号棒針1本）、8号棒針にかえてすそからガーター編みを4段編む。続けてメリヤス編みで、わきは端1目内側で減らし目をして編む。白の糸で52段まで編んだら、糸を水色にかえる。60段まで編んだら、わきは端1目内側でかけ目をして、次の段でねじって編む(かけ目、ねじり目は左右対称になるようにする)。中央と左えりぐりに別糸を通して休め、右えりぐりを伏せ目と端1目を立てる減らし目で編み、編み終わりの目は休める。中央の休み目の端に糸をつけて伏せ目にし、左えりぐりを編む。

2　前身ごろを編む。後ろ身ごろと同じ要領で編む。

3　仕上げる。肩は中表に合わせて、6/0号かぎ針で引き抜きはぎで合わせる。6号4本棒針で、えり（輪編み）、そで口（平編み）を拾い目してガーター編みで編む。編み終わりは5/0号かぎ針で裏側から引き抜き止めにする。わきはコットンのストレート糸を使用して（共糸は節があるのできれいにとじるのが難しいため）、とじ針で、そで下まで続けてすくいとじで合わせる。

製図

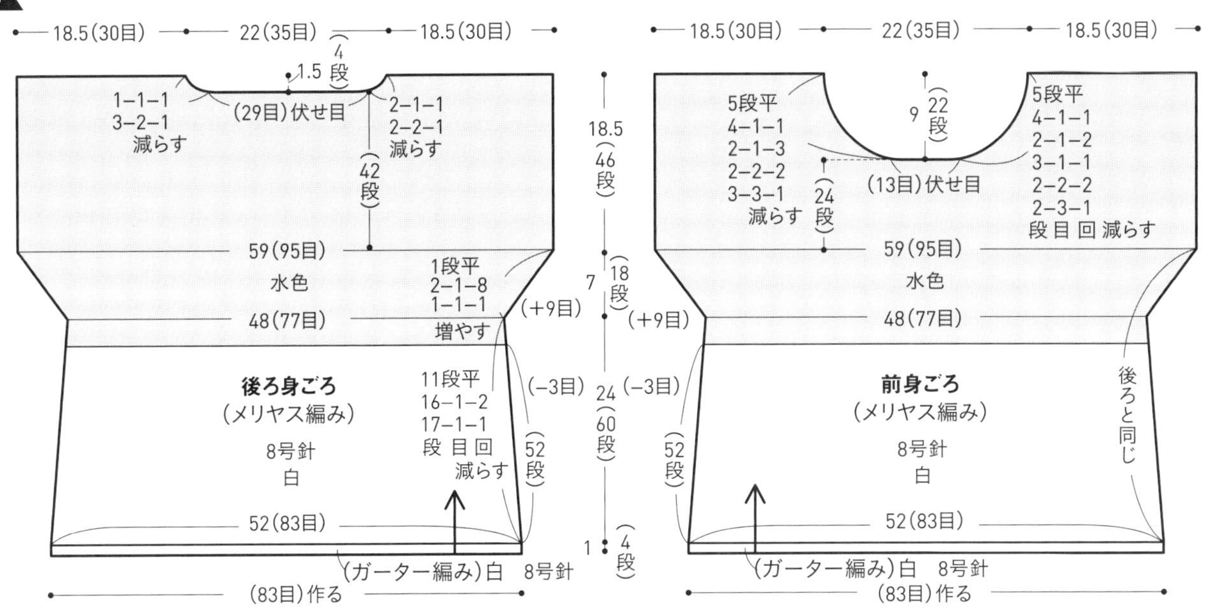

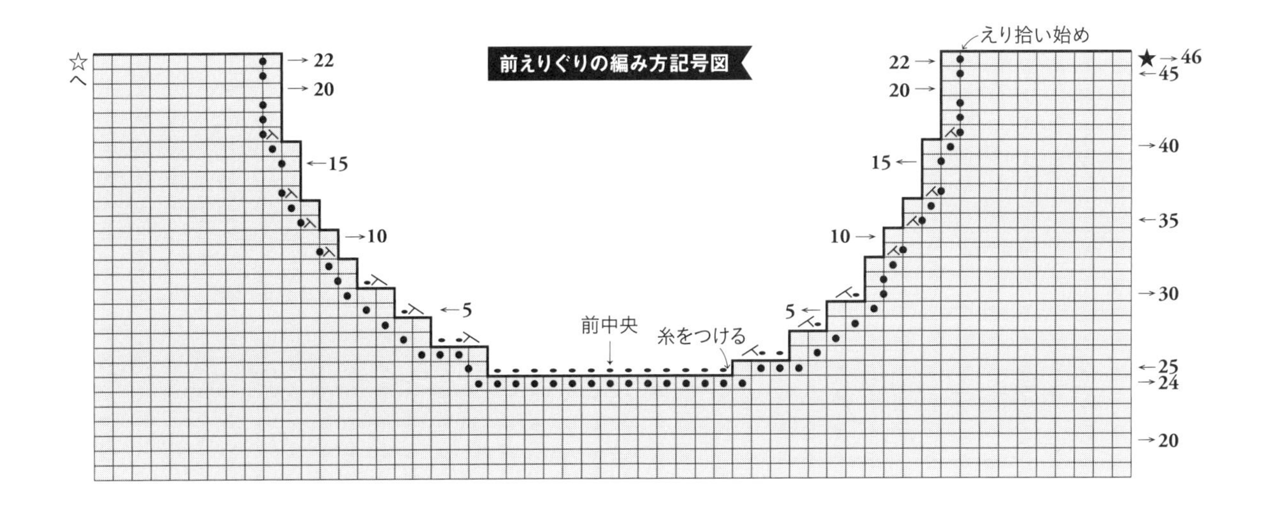

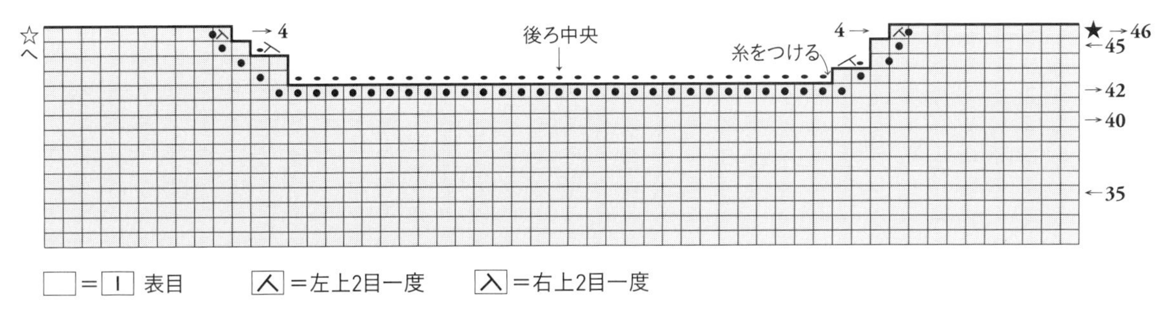

□＝｜ 表目　人＝左上2目一度　入＝右上2目一度

●＝えりの拾い目位置　⬬＝伏せ目

身ごろ（わき・そで下・そであき）の編み方記号図

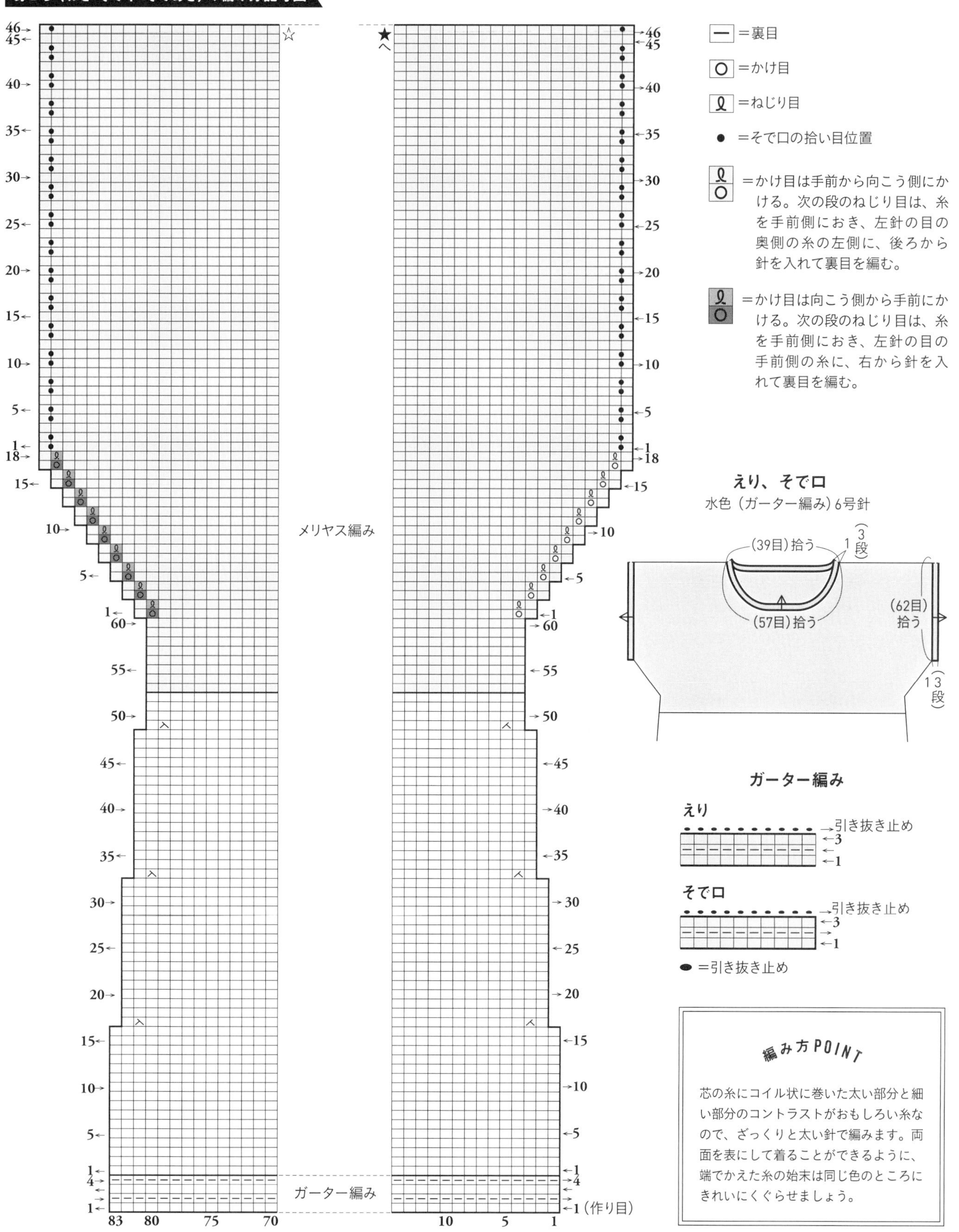

編み方POINT

芯の糸にコイル状に巻いた太い部分と細い部分のコントラストがおもしろい糸なので、ざっくりと太い針で編みます。両面を表にして着ることができるように、端でかえた糸の始末は同じ色のところにきれいにくぐらせせましょう。

P.42
細編みで編む帽子

難易度 ●●

●材料　並太程度のレーヨン糸　レトロイエロー…130g
コード（しん材）100cm　接続用チューブ5cm

●用具　5/0号かぎ針
そのほかに、とじ針、段数マーカーなど

●出来上がり寸法　頭回り55cm

●ゲージ　細編み…19目×21段＝10cm角

糸の実物大

編み方

1　糸輪の編み始めでトップの中心から編み始める。5/0かぎ針で1段めは糸輪に鎖1目、細編み8目を編み入れる。糸端を引いて糸輪を引き締め、1目めに引き抜き編みを編む。2段めは立ち上がりの鎖1目を編み、前段の1目に細編み2目を編み入れる。3段めは「細編み2目を編み入れる、細編み1目を編む」を繰り返す。以降、編み方記号図を参照して12段めまで編む。目数は72目。12段めに段数マーカーをつけておくとわかりやすい。

2　サイドは13段まで増し目をして編み、14段め以降は増し目をせずに24段めまで編む。

3　ブリムは15段めまで増し目をして編み、18段めにコードを編みくるむ。コードは最初と最後を5cm重ねて接続用チューブに通し、編みくるむ。編み終わりはチェーンつなぎで始末する。

4　リボンを鎖編みで170cm編む。リボン通しも糸端を10cm残して鎖編み3目で2本編む。リボン通しは裏目側を表にして、糸端を裏側に出して結ぶ。リボンをリボン通しに二重に通す。両端をひと結びして、後ろ中央でちょう結びをする。

製図

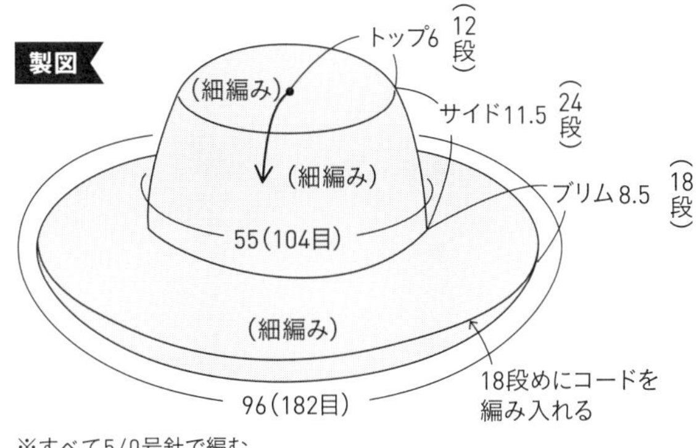

※すべて5/0号針で編む

編み方POINT

トップの中心から表を見て、細編みで増し目をしながら編みます。製図のサイズになるようにそれぞれの部分を測りながら編み進めるのが大切。増し目をしない段がきつくなりすぎないように気をつけてください。

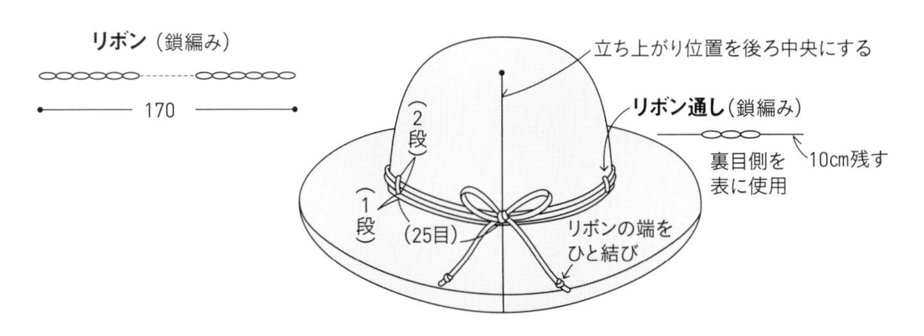

	段	目数	増し目
ブリム	18	182目	
	17	182目	
	16	182目	
	15	182目	+13目（12目おき）
	14	169目	
	13	169目	
	12	169目	
	11	169目	+13目（11目おき）
	10	156目	
	9	156目	
	8	156目	+13目（10目おき）
	7	143目	
	6	143目	
	5	143目	+13目（9目おき）
	4	130目	
	3	130目	+13目（8目おき）
	2	117目	
	1	117目	+13目（7目おき）
サイド	24〜14	104目	
	13	104目	+4目（24目おき）
	12	100目	
	11	100目	
	10	100目	
	9	100目	+4目（23目おき）
	8	96目	
	7	96目	
	6	96目	
	5	96目	+8目（10目おき）
	4	88目	
	3	88目	+8目（9目おき）
	2	80目	
	1	80目	+8目（8目おき）
トップ	12	72目	
	11	72目	+8目（7目おき）
	10	64目	+8目（6目おき）
	9	56目	+8目（5目おき）
	8	48目	
	7	48目	+8目（4目おき）
	6	40目	+8目（3目おき）
	5	32目	+8目（2目おき）
	4	24目	
	3	24目	+8目（1目おき）
	2	16目	+8目
	1	8目	
	編み始め	糸輪	

編み方記号図

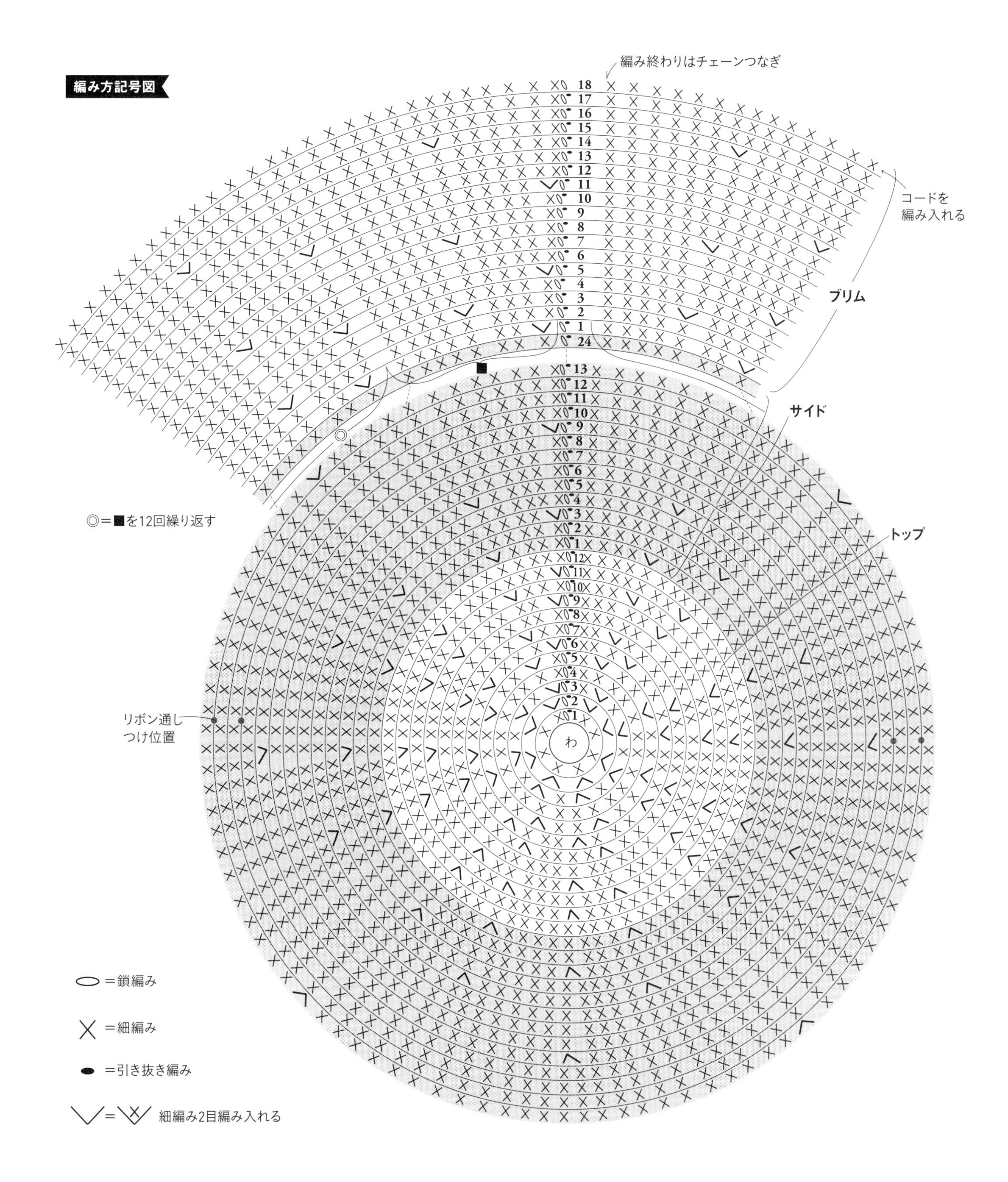

編み終わりはチェーンつなぎ
コードを
編み入れる
ブリム
サイド
トップ
◎＝■を12回繰り返す
リボン通し
つけ位置
わ
＝鎖編み
＝細編み
＝引き抜き編み
＝ 細編み2目編み入れる

P.44
パイナップル模様のストール

難易度 ●●

●材料 中細程度のコットン糸 黄色…100g
●用具 4/0号かぎ針 そのほかに、とじ針など
●出来上がり寸法 幅17.5cm 長さ143cm
●ゲージ 模様編みA…幅8×10cmで12段
模様編みB…8模様×12段＝10cm角

糸の実物大

編み方

1 鎖編み39目の作り目をして、鎖編みの半目と裏山を拾って、右側に模様編みA、左側に模様編みBを配置して編む。

2 2段め以降の模様編みは前段の鎖編みの目に入れず、鎖編みの空間にかぎ針を入れ、束にすくって編む。

3 171段めは、模様編みAを編んだら模様編みBは縁編みと同じ編み方で編む。縁編みは段からは細編みの足2本を拾って、作り目の鎖編みは束にすくって、細編みを編む。

4 編み終わりは鎖3目のピコットを編んだあと、作り目端の鎖編みに引き抜く。

編み方POINT

作り目をした後、記号図どおりに細編み、鎖編み、長編みで片側にパイナップル模様を作りながら一体に編みます。ピコットは表の段のとき。糸をかえるのは模様の間のシェル編みの裏の段のときです。

編み方記号図

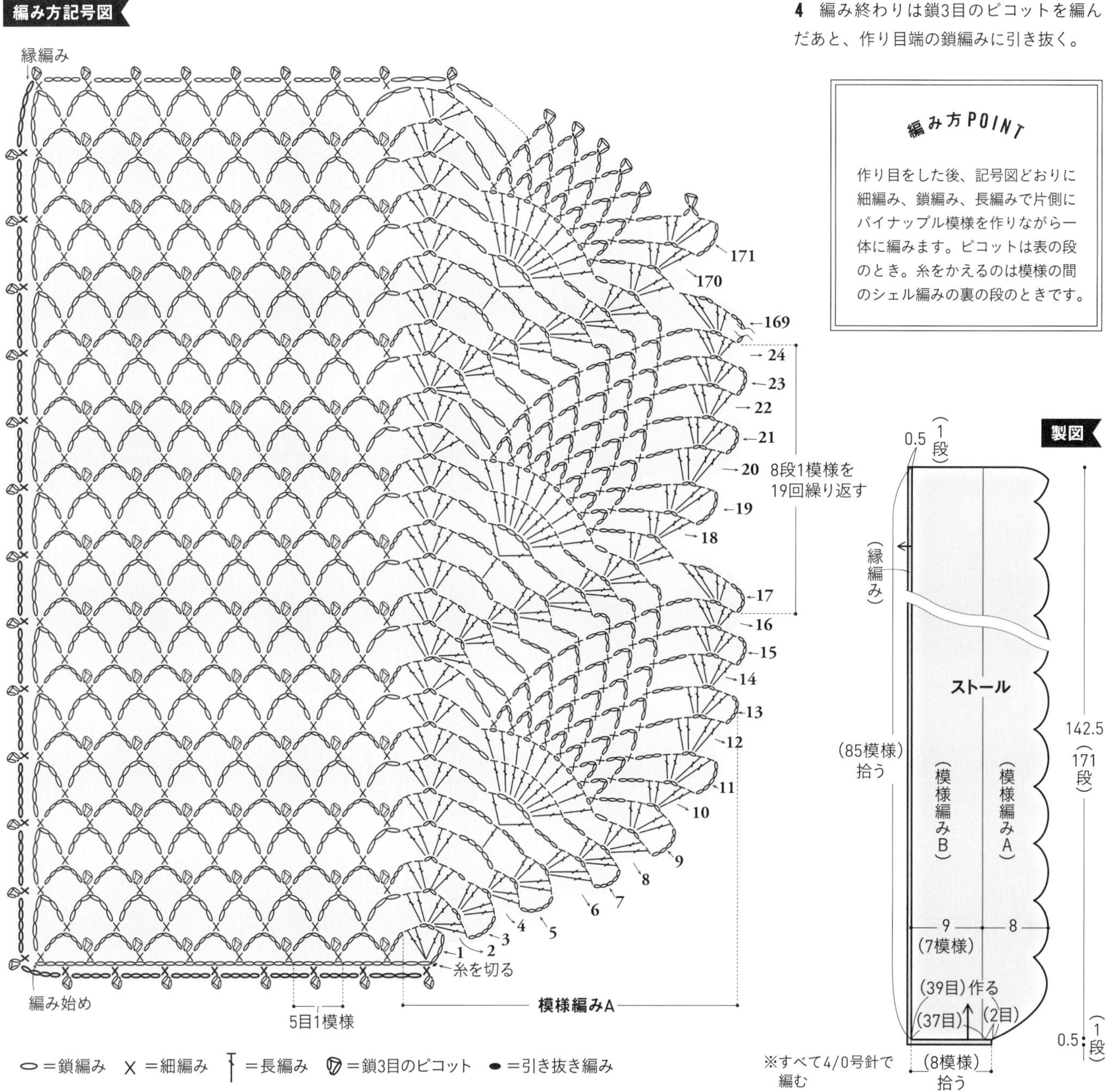

P.45 パイナップル模様の上品ショール

難易度 ●●

- ●**材料**　中細程度のシルク糸　青磁色…95g
- ●**用具**　3/0号かぎ針
  そのほかに、とじ針など
- ●**出来上がり寸法**　幅26cm　長さ118.5cm
- ●**ゲージ**　模様編みB…1模様＝横5cm×縦14cm

糸の実物大

編み方記号図

16段1模様
(片側で計4回
繰り返す)

18目1模様
(全部で4回繰り返す)

※編み方記号図は繰り返しが省略されているので、製図と編み方記号図の説明を参照して編む。

編み方

1　中央で鎖編み85目の作り目をし、上下に編み分ける。鎖編みの半目と裏山を拾って模様編みAで5段編む。2段め以降は前段の鎖編みの目に入れず、鎖編みの空間にかぎ針を入れ、束にすくって編む。模様編みBにかえて65段めまで編み、編み終わりは糸を切らずに休ませる。

2　反対側は糸をつけて、編み始めの鎖を束にすくって編み、模様編みAは4段、その後は模様編みBを同じ要領で編む。

3　続けて段の片端に縁編みを編む。

4　先に編んだ側も休ませた糸で縁編みを編む。

製図

- ○＝鎖編み
- ×＝細編み
- ＝鎖3目のピコット
- ＝長編み
- ＝長々編み
- ●＝引き抜き編み
- ＝長編み2目一度

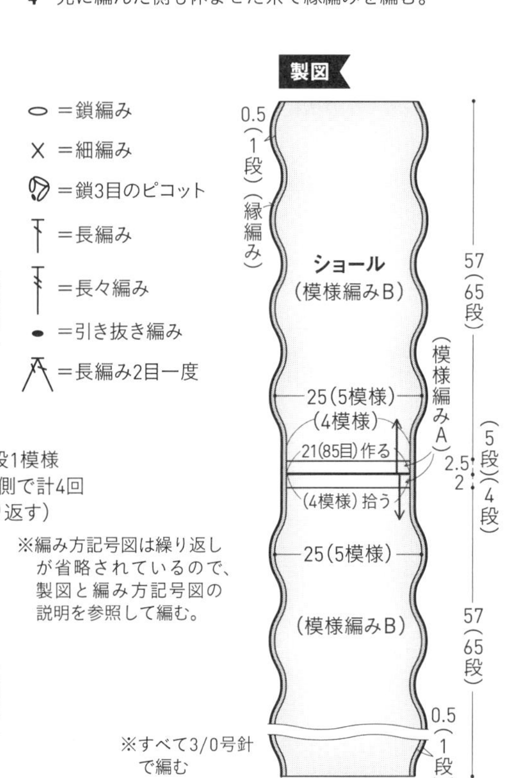

※すべて3/0号針で編む

編み方POINT

パイナップル模様が作るスカラップが両端にくるように、ショールの中央から編み始めます。鎖の作り目を拾って片側半分を編み、2段めの最後の長編みは、作り目の鎖1目めに編み入れると上下がきれいに対称になります。

P.46 ダイヤ柄のショール

難易度

●**材料**　合細程度のシルク糸
ラメ入りの生成り…145g
●**用具**　4/0号かぎ針　そのほかに、とじ針など
●**出来上がり寸法**　幅35cm　長さ128.5cm
●**ゲージ**　模様編み 1模様…24目＝7cm、12段＝9cm

糸の実物大

編み方

1　鎖編み117目の作り目をして、1段めは鎖編みの半目と裏山を拾って模様編みで編む。2段め以降の模様編みは前段の鎖編みの目に入れず、鎖編みの空間にかぎ針を入れ、束にすくって編む。糸をかえるときは端から2目めでかえる。
2　168段めまで編んだら、続けて縁編みAを編む。
3　作り目側に糸をつけて、縁編みBを編む。

編み方POINT

シルクの糸は編み地がゆるみやすいので気をつけて編みます。編み始め側の縁編みは、始めと終わり以外、鎖目を束に拾って1段編んでください。両サイドは縁編みがないので、糸をかえるときは少し内側でかえると糸始末がきれいです。

編み方記号図

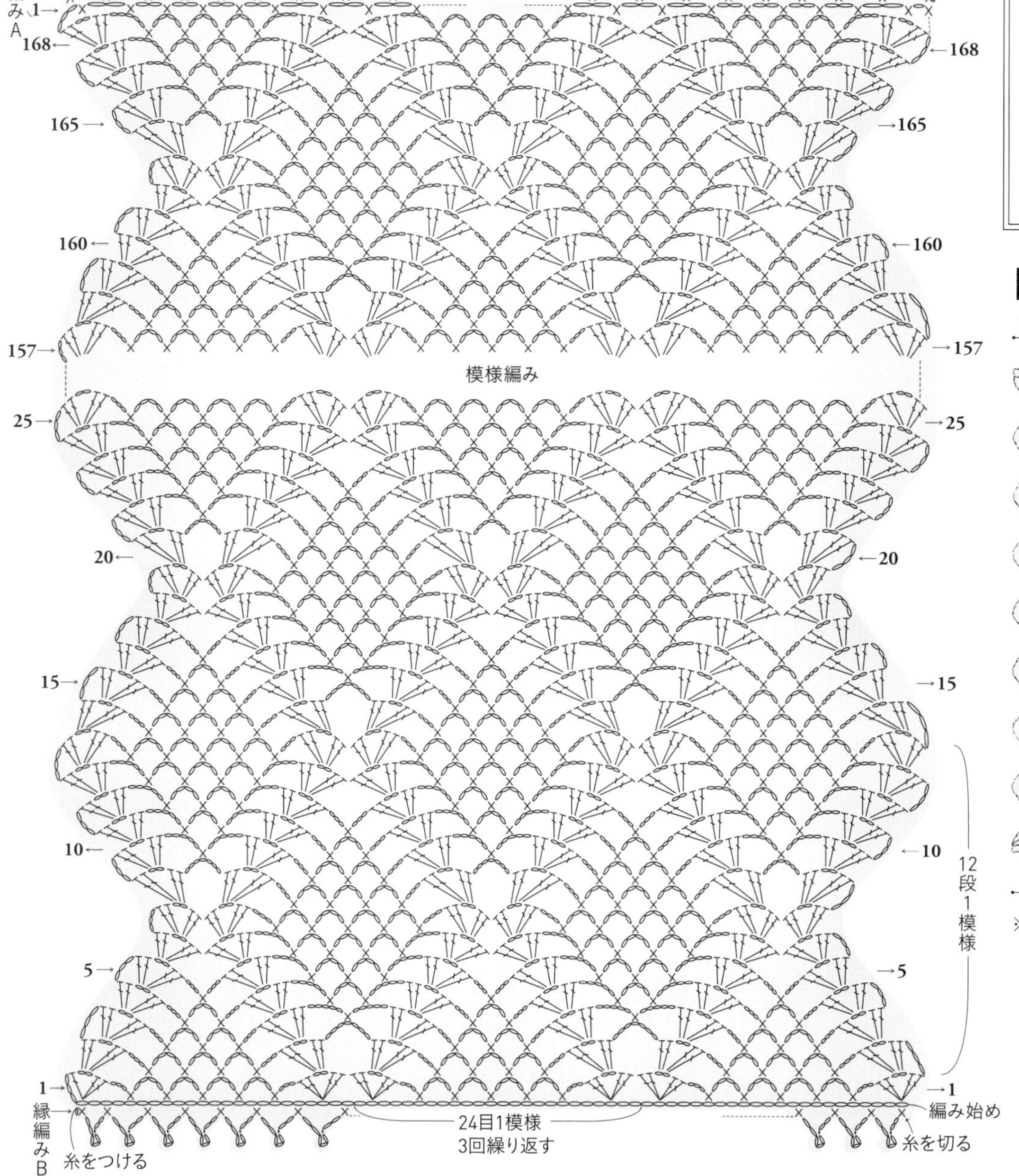

製図

※すべて4/0号針で編む

○＝鎖編み
×＝細編み
Ŧ＝長編み
＝鎖3目のピコット

P.47 寄せ目模様のスカーフ

難易度

●**材料**　合太程度のコットン糸
淡いグリーン…100g
●**用具**　4号玉つき2本棒針、
3/0号かぎ針(引き抜き止め用)
そのほかに、5号玉つき棒針1本
(作り目用)、とじ針など
●**出来上がり寸法**　幅20cm　長さ110cm
●**ゲージ**　模様編み…33目×28段
＝10cm角

編み方

1　一般的な作り目で67目作る(5号棒針1本)。4号棒針にかえて2段めは全目を裏目(実際に編むのは表目)で編む。3段め以降は編み方記号図を参照して模様編みで編む。模様編みの特性で編み地の上下が波状になる。

2　307段めまで編み、編み終わりは3/0号かぎ針で引き抜き止めをする。

糸の実物大

編み方POINT

編み方記号図どおりに編むと、上下の端が自然に波打つ寄せ目の模様になります。2段を繰り返すだけなので一度覚えると、いつやめてもまたすぐに編み始められる、簡単で効果的な模様です。編み終わりの引き抜き止めがきつくならないようにしましょう。

製図

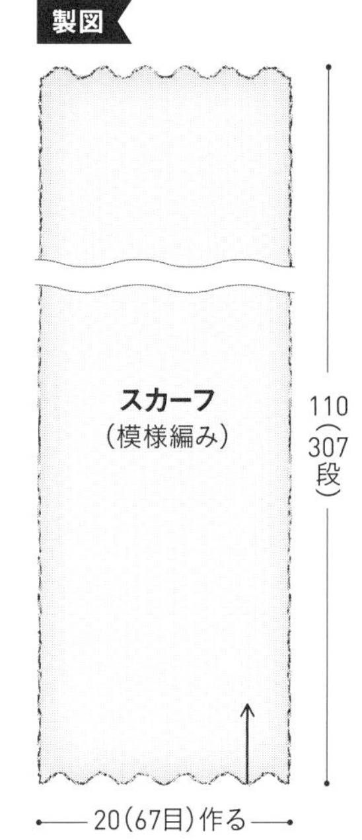

※4号針で編む(作り目は5号針)

編み方記号図

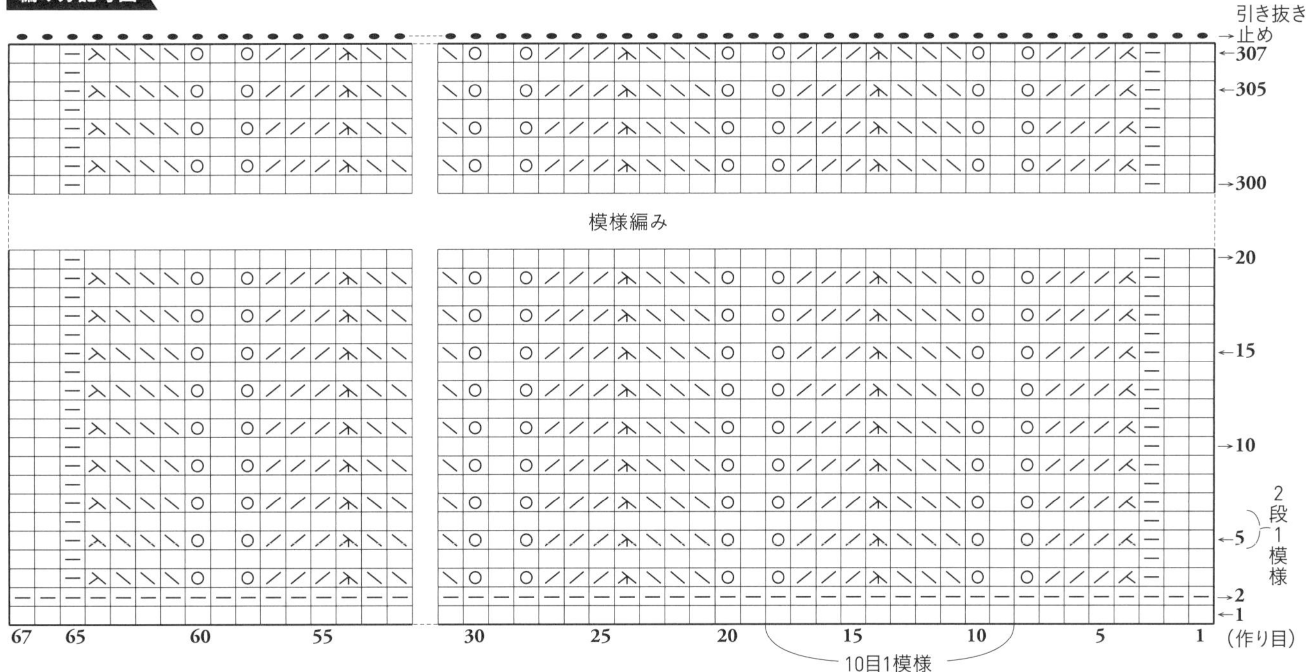

□＝| 表目　—＝裏目　人＝左上2目一度　／＝右寄せ目(表目を編む)　○＝かけ目　＼＝左寄せ目(表目を編む)

木＝右上3目一度　入＝右上2目一度　●＝引き抜き止め

編み物の基本情報

用具や糸、ゲージ、サイズの調整方法など、
おさえておきたい基礎知識をまとめました。

用具

棒針
棒針編みの道具。竹やプラスチック、金属などでできており、サイズは0号～15号、さらに太いものは7～30㎜。数字が大きくなるほど太くなります。編んだ目が抜けないように針の片方の先に玉がついているものと、ついていないものがあります。また、短い針は小さいものを編むときに便利です。棒針2本をコードでつないだ輪針は、輪に編むときや編み目が落ちやすいものを編むときにおすすめ。

かぎ針
かぎ針編みの道具。竹やプラスチック、金属などでできており、サイズは2/0～10/0号、7㎜、8㎜など。数字が大きくなるほど太くなります。かぎ針の形には、片側にかぎがついているもののほか、両側にかぎがついているものもあります。

とじ針
糸始末をするときや、はいだり、とじたりするときに使う針。形状は縫い針と同じですが、毛糸を通すために針穴が大きく、糸が割れないように針先が丸くなっています。

なわ編み針
なわ編みなどの交差編みのときなど、後で編む目を移しておくのに使います。

段数マーカー
増し目、減らし目、模様を入れるとき、ポイントがひと目でわかるようにマークしておくためのもの。

棒針キャップ
棒針の先につけ、目が針からはずれるのを防ぎます。

糸

編み糸にはウール糸、コットン糸、化繊糸、混紡糸などがあり、糸の太さによって極細、合細、中細、合太、並太、極太などと分類されています。作品に使った糸とは異なる糸で編む場合、糸の素材と太さができるだけ近いものを選びましょう。本書で使用した糸は95ページに記載しています。

針と糸のバランス

美しく整った編み地を作るためには、糸の太さに合った針を使うことが大切。糸の太さに対して針が細すぎると編み目が密でかたくなり、伸縮性に欠け、作品が重くなります。逆に糸の太さに対して針が太すぎると、ざくざくした編み地になり、伸びやすく、着くずれの原因になることも。糸に対して適切な針を使って編むと、糸の太さに合った編み目で風合いがよく、きれいに整った編み地になります。

ゲージ

ゲージは編み目の大きさを表すもので、10㎝四方の編み地の中に、何目、何段が入っているか、という数値のこと。ゲージが合わなければ、結果的に大きくなりすぎたり、小さくなったりしてしまいます。編み地は編む人の手加減よって密度が異なるので、作品に記載された指定のゲージよりも目数・段数が多い場合は1号太い針に、少ない場合は1号細い針にかえて調整しましょう。棒針、かぎ針ともに同じです。

サイズ調整の方法

掲載作品のサイズは大人の婦人サイズです。作品ごとに出来上がり寸法が掲載されていますので、参考にしてください。少し大きくしたり、小さくするなどサイズを変更したい場合、増減なく編む部分がある作品なら段数を増やしたり減らしたりして調整しましょう。

P.16「モチーフつなぎのひざかけ」配色表

順番	1段め	2段め	3段め	4段め
① ㊽	アイスグリーン	緑	青	水色
② ㊶	サーモンピンク	若草色	濃いピンク	えんじ
③	サーモンピンク	レモンイエロー	黄緑	ターコイズブルー
④ ㊸	濃いピンク	桃色	サーモンピンク	えんじ
⑤	黄緑	若草色	薄いベージュ	青
⑥ ㊺	スカーレット	薄いピンク	柿色	若草色
⑦ ㊻	水色	薄青	黄緑	ミントグリーン
⑧ ㊼	黄色	ピンク	スカーレット	オレンジ
⑨ (56)	えんじ	桃色	レモンイエロー	オレンジ
⑩ ㊾	うぐいす色	黄色	ターコイズブルー	薄水色
⑪	ピンク	薄いピンク	からし色	赤
⑫ (51)	青	アイスグリーン	レモンイエロー	薄青
⑬ (52)	薄いピンク	サーモンピンク	スカーレット	ピンク
⑭ (53)	ミントグリーン	うぐいす色	緑	薄緑
⑮ (54)	ピンク	スカーレット	からし色	薄いピンク
⑯ (55)	薄緑	ミントグリーン	ターコイズブルー	アイスグリーン
⑰ (64)	ターコイズブルー	アイスグリーン	若草色	うぐいす色
⑱	サーモンピンク	赤	薄いベージュ	えんじ
⑲ (58)	若草色	水色	薄青	青
⑳	ミントグリーン	黄色	サーモンピンク	えんじ
㉑	青	薄水色	若草色	黄緑
㉒	サーモンピンク	レモンイエロー	えんじ	濃いピンク
㉓	アイスグリーン	ターコイズブルー	うぐいす色	薄青
㉔	からし色	濃いピンク	桃色	赤
㉕	桃色	黄色	薄いピンク	スカーレット
㉖ (65)	薄青	薄緑	ミントグリーン	レモンイエロー
㉗ (66)	オレンジ	からし色	赤	サーモンピンク
㉘ (67)	黄緑	水色	うぐいす色	薄緑
㉙ (61)	赤	スカーレット	薄いピンク	濃いピンク
㉚ ㊷	緑	薄水色	黄色	ターコイズブルー
㉛ (70)	柿色	濃いピンク	ピンク	桃色
㉜ (71)	オレンジ	黄色	水色	緑
㉝	ターコイズブルー	うぐいす色	黄色	黄緑
㉞	からし色	アイスグリーン	柿色	薄水色
㉟	スカーレット	うぐいす色	からし色	緑
㊱	オレンジ	黄色	ピンク	スカーレット
㊲	薄いベージュ	緑	水色	薄水色
㊳ ㊿	レモンイエロー	からし色	オレンジ	柿色
㊴ (60)	薄水色	薄緑	からし色	黄緑
㊵ (59)	桃色	黄色	柿色	赤
㊹	黄色	オレンジ	ミントグリーン	青
(57)	薄いベージュ	赤	薄青	薄いベージュ
(62)	うぐいす色	若草色	アイスグリーン	緑
(63)	からし色	アイスグリーン	桃色	柿色
(68)	薄青	薄水色	若草色	サーモンピンク
(69)	赤	黄緑	ミントグリーン	青
(72)	黄色	薄いピンク	ピンク	濃いピンク

編み目記号の編み方

本書で使用しているおもな編み目記号と、
その記号が表す目の編み方です。

棒針編み

作り目

一般的な作り目

1

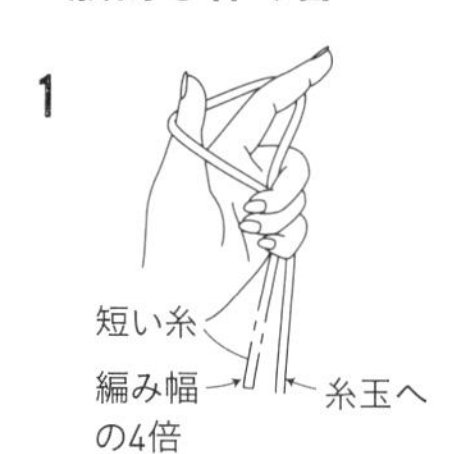

2

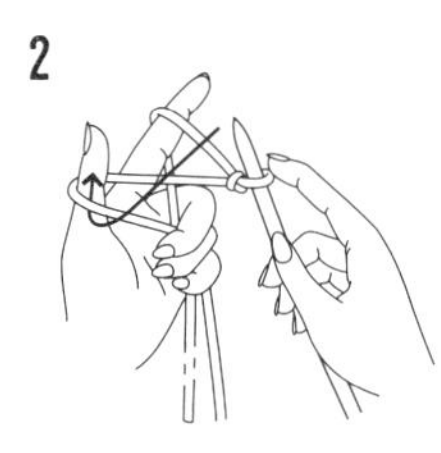

3

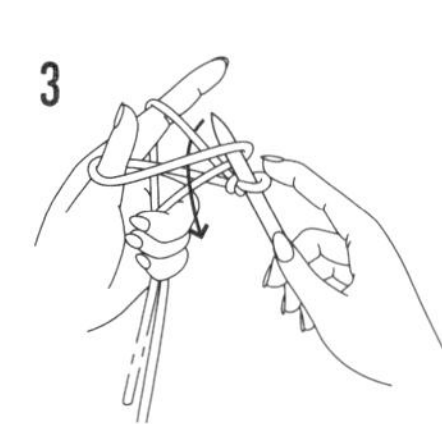

4

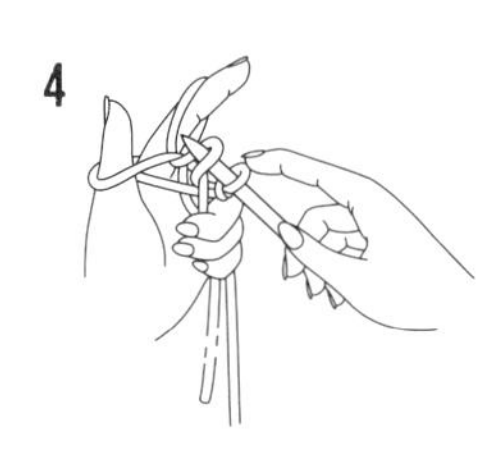

5

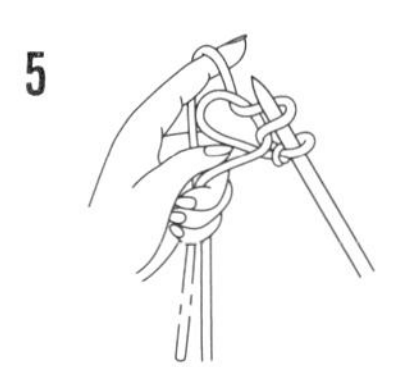

6

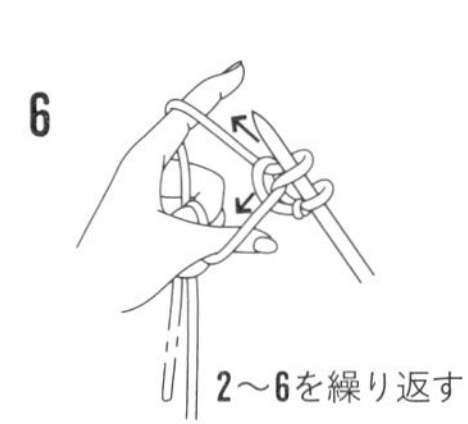

2～6を繰り返す

7

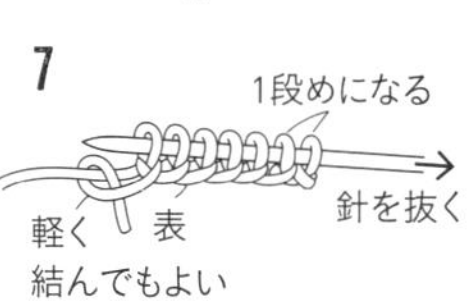

軽く
結んでもよい

後からほどける作り目

1

別糸で鎖を編む

2

鎖の裏山をすくう

3

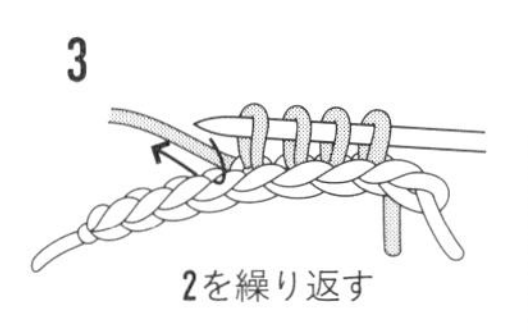

2を繰り返す

4

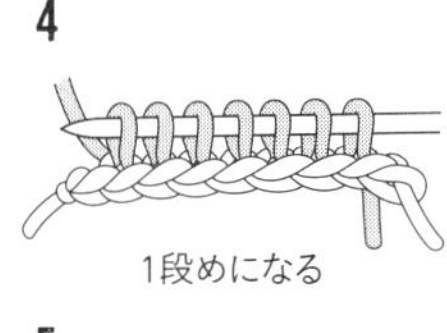

1段めになる

5

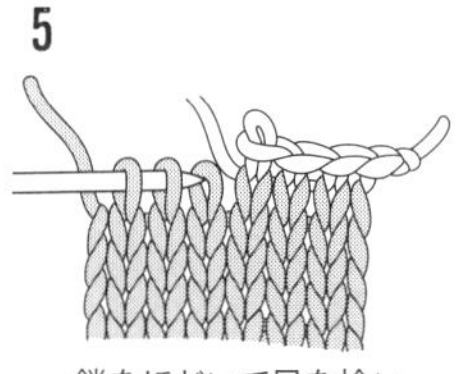

鎖をほどいて目を拾い、
逆方向に編む

編み目記号

｜ 表目

1

糸を向こう側におき、
手前から右針を入れる

2

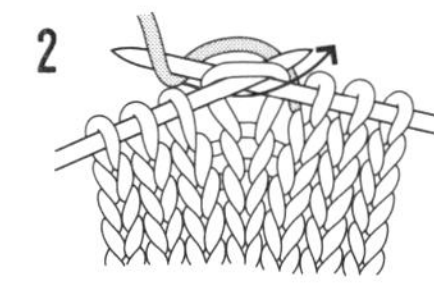

右針に糸をかけて目から
糸を引き出す

3

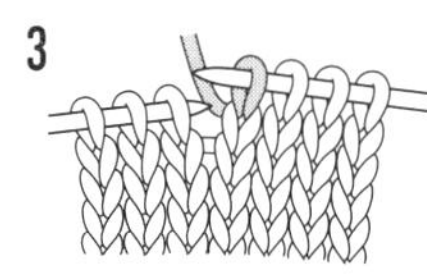

左針から編んだ目をはずす

― 裏目

1

糸を手前におき、向こう側
から右針を入れる

2

右針に糸をかけて目から
糸を引き出す

3

左針から編んだ目をはずす

○ かけ目

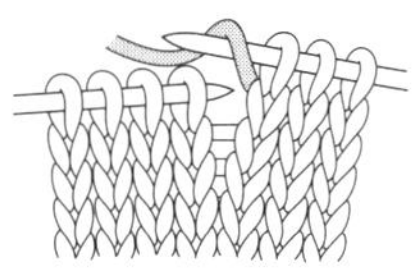

右針に糸を手前から
向こう側にかける

ねじり目

1

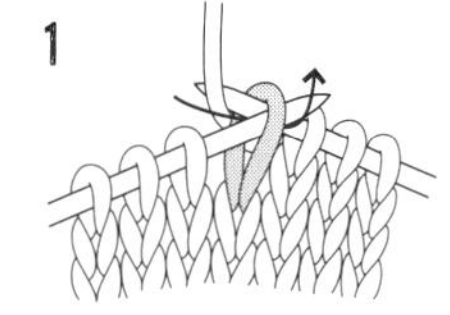

ねじって表目を編む

2

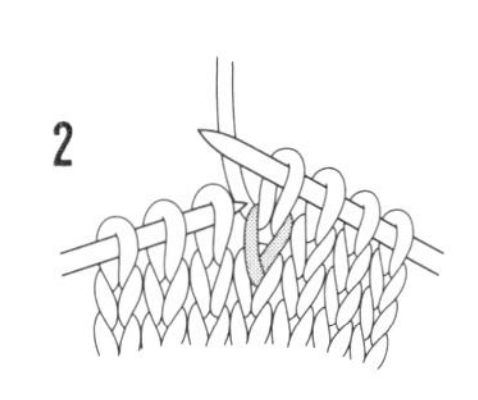

裏目のねじり目

※ねじり目と同様に
ねじって裏目を編む

巻き増し目

1

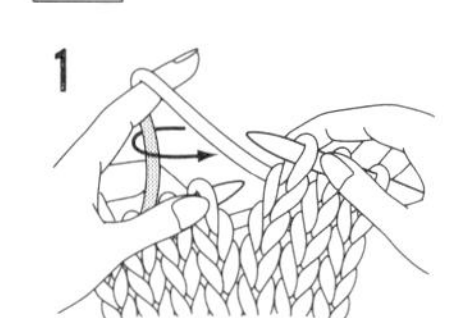

左手の指にかかっている糸を
矢印のようにすくう

2

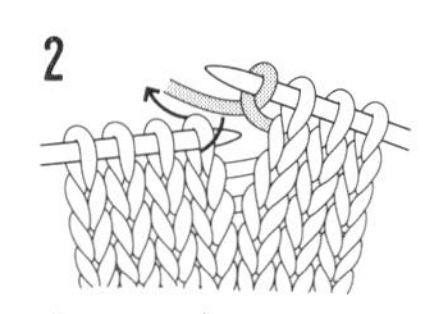

指からはずし引き締めて、
次の目を編む

右上2目交差

1

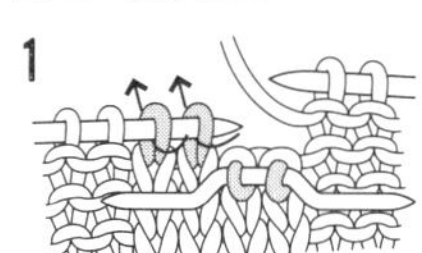

2

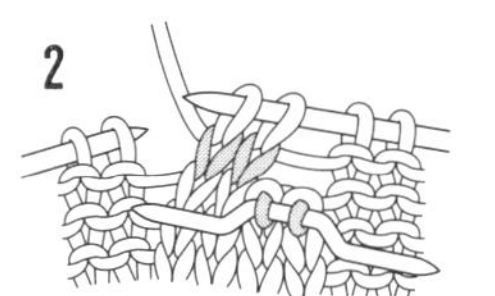

3

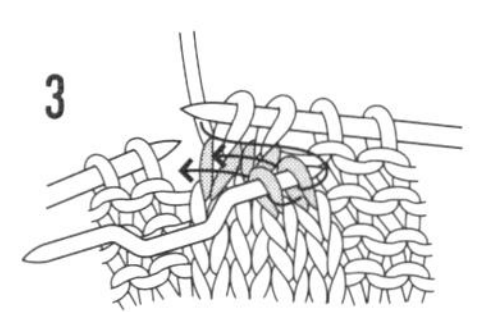

4

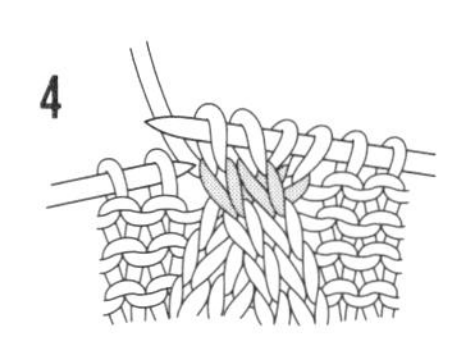

※目数がかわる場合も
同じ要領で編む

左上2目交差

1

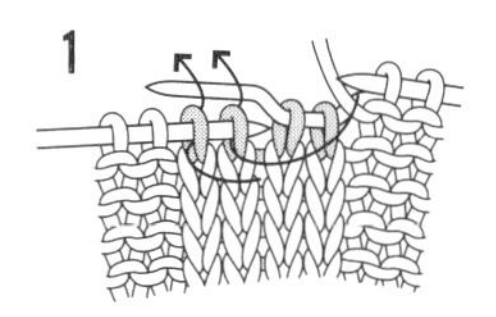

2

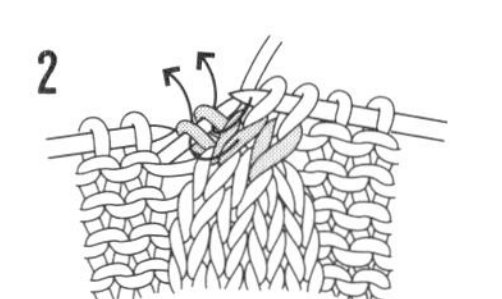

3

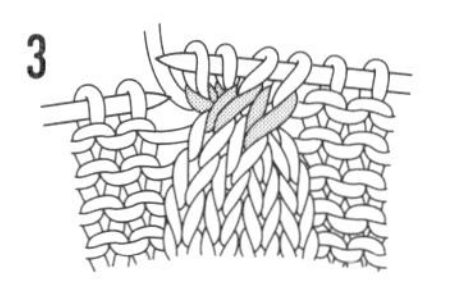

※目数がかわる場合も
同じ要領で編む

目の止め方・はぎ方・とじ方

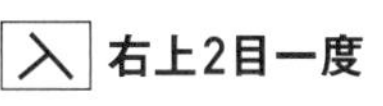

右上2目一度

1

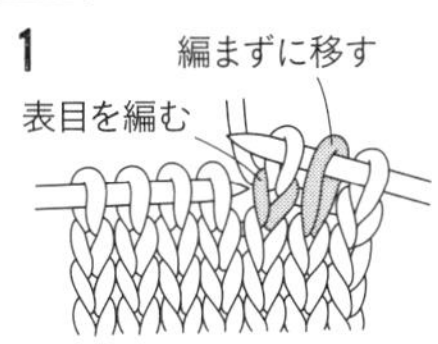

1目を右針に移し、
次の目を表目で編む

2

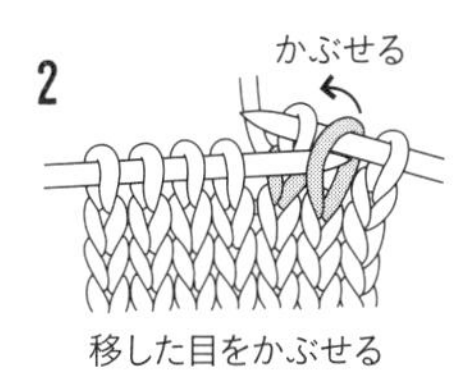

移した目をかぶせる

3

裏目の右上2目一度

1 目の向きをかえて
右針に2目移す

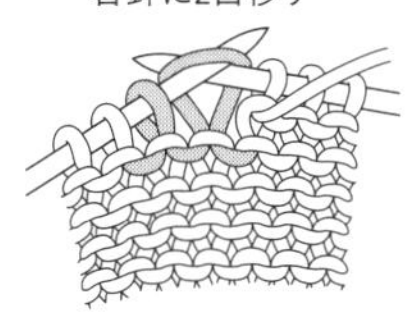

2 左針に2目移す

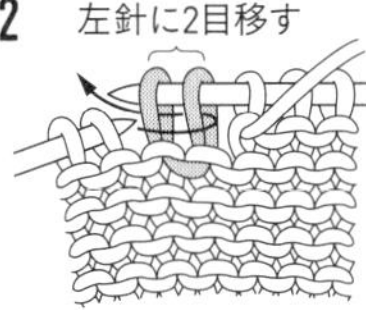

3 2目一度

4

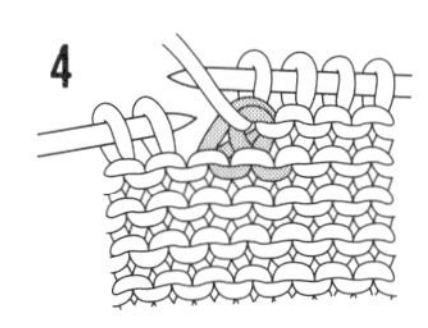

左上2目一度

1 2目一度

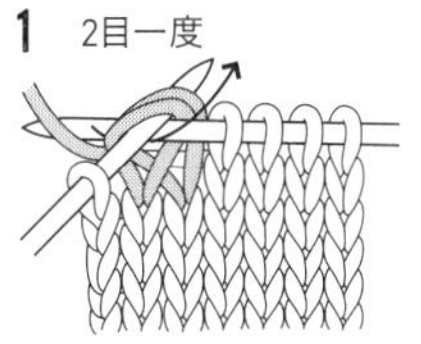

手前から右針を2目一度に
入れ、表目を編む

2

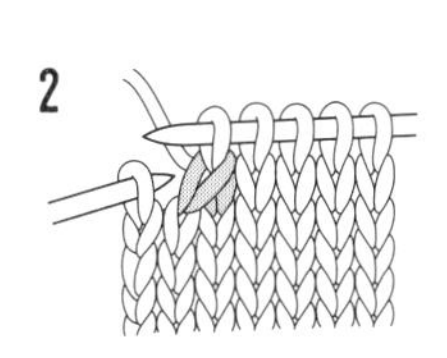

裏目の左上2目一度

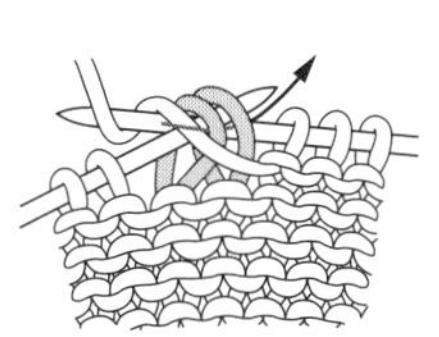

右針を左針の2目に入れ、
2目一緒に裏目を編む

右上3目一度

1

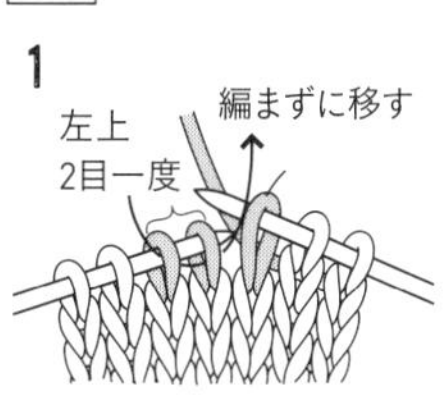

2

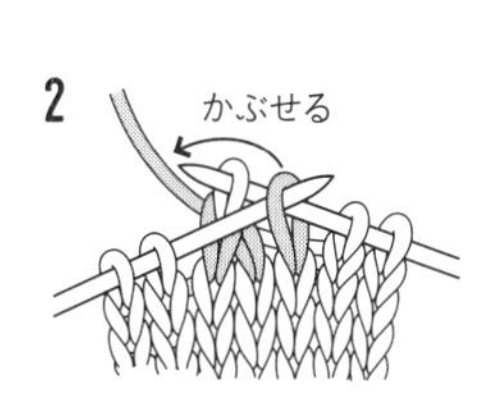

3

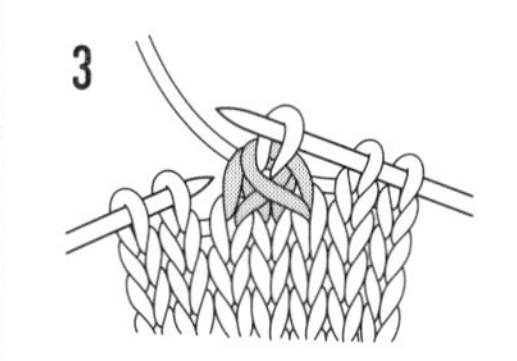

伏せ止め

1

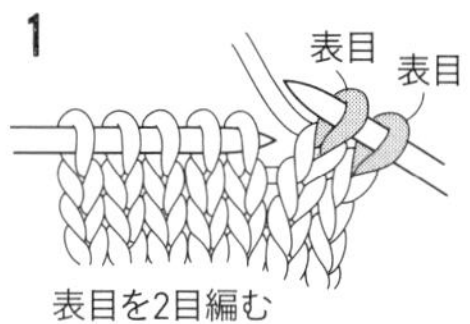

表目を2目編む

2

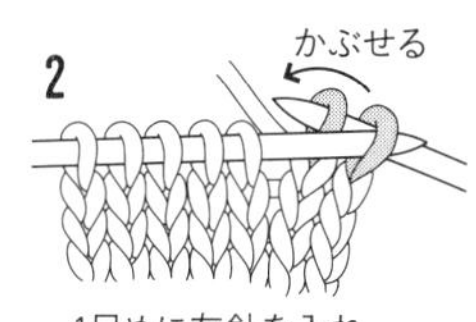

1目めに左針を入れ、
2目めにかぶせる

3

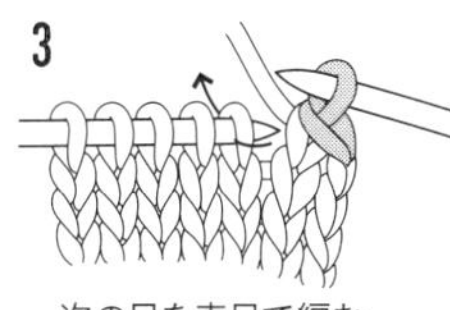

次の目を表目で編む

4

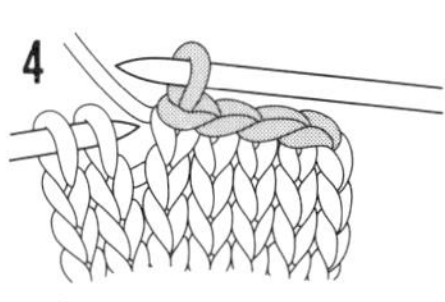

表目を編んではかぶせる
ことを繰り返す

裏目の伏せ止め

1

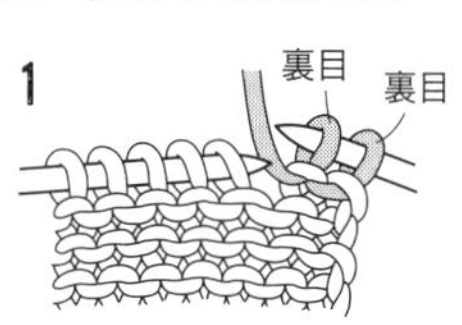

裏目を2目編む

2

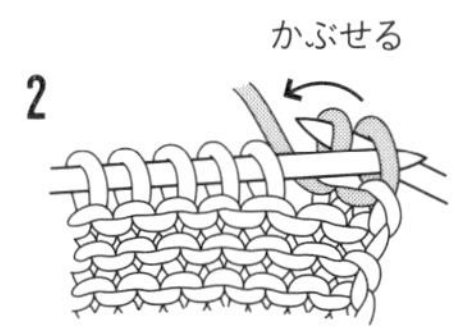

1目めを2目めにかぶせる

3

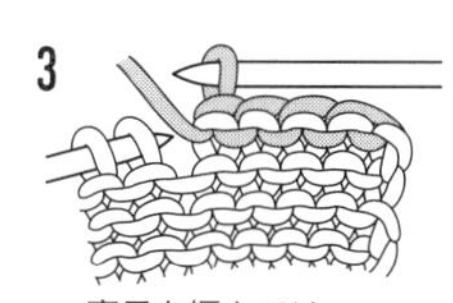

裏目を編んでは
かぶせることを繰り返す

引き抜き止め

1

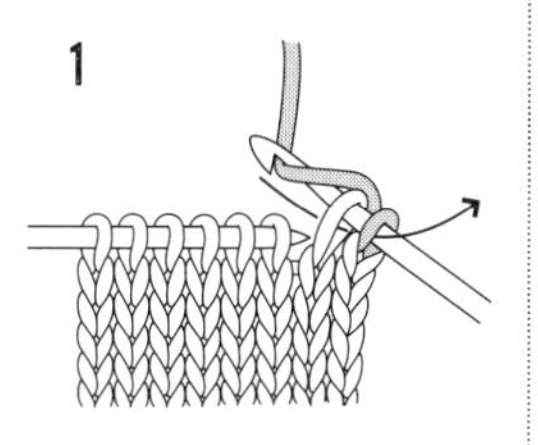

2

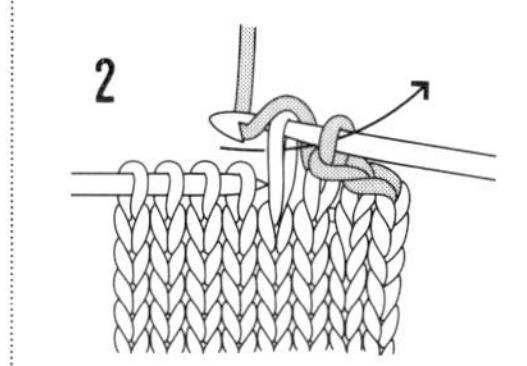

すくいとじ

1

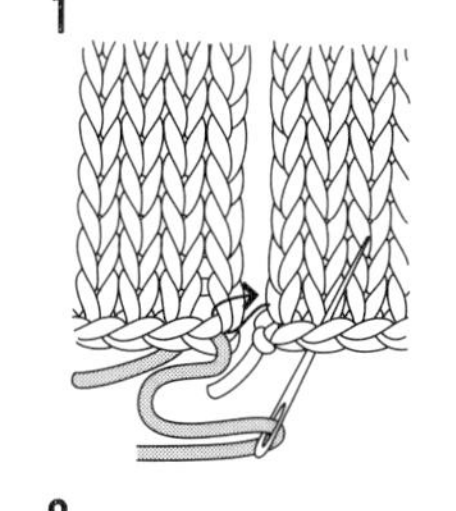

2

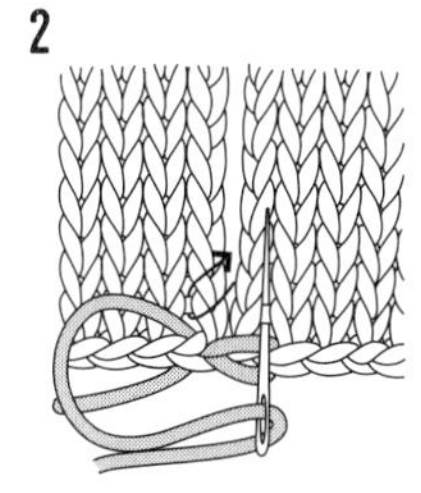

3

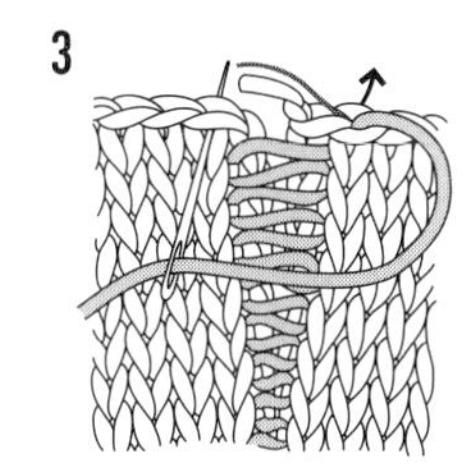

引き抜きはぎ

1

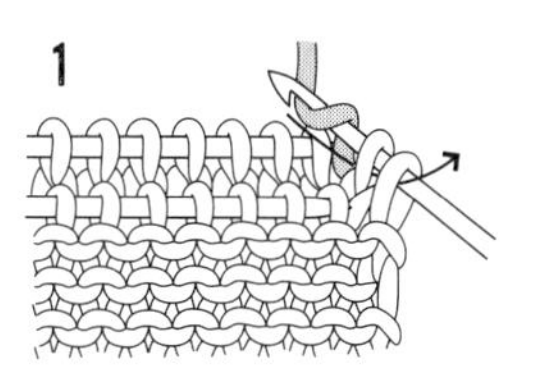

2

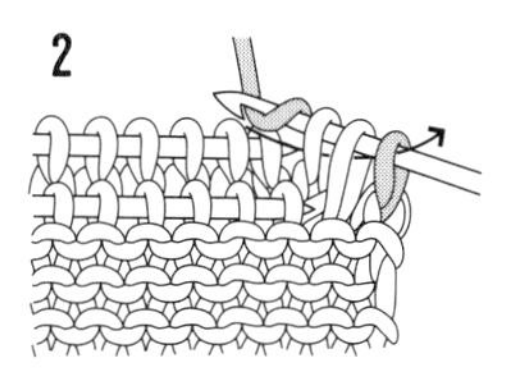

3

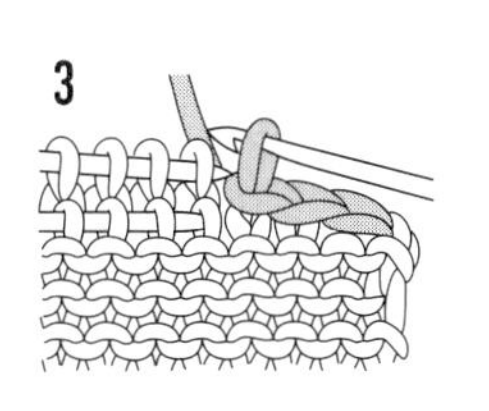

メリヤスはぎ

1

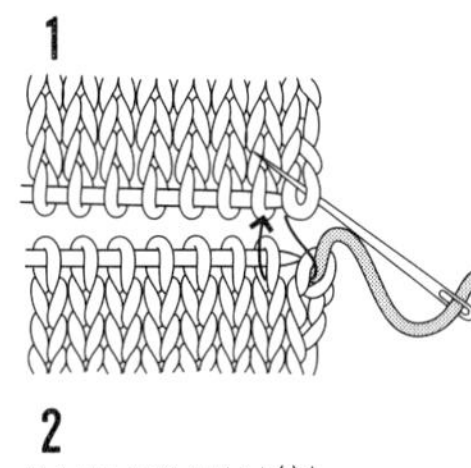

2

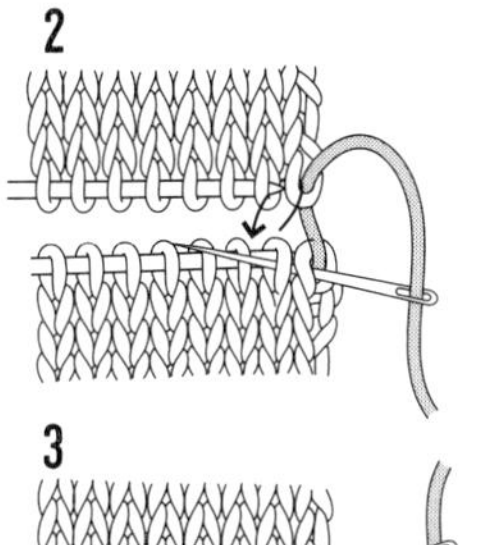

3

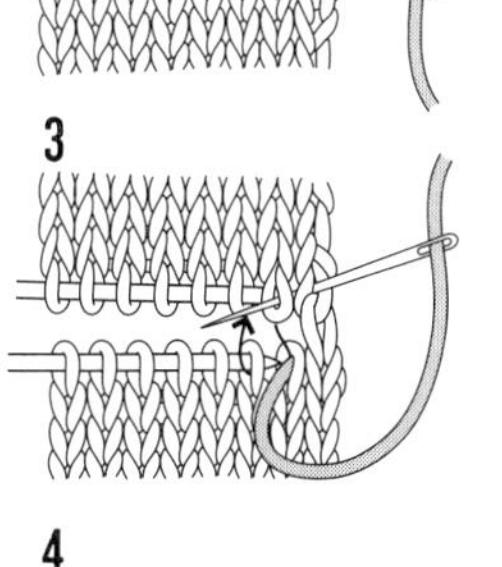

4

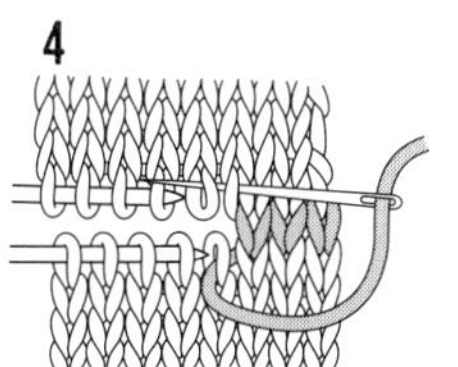

かぎ針編み

作り目

糸輪の編み始め

1

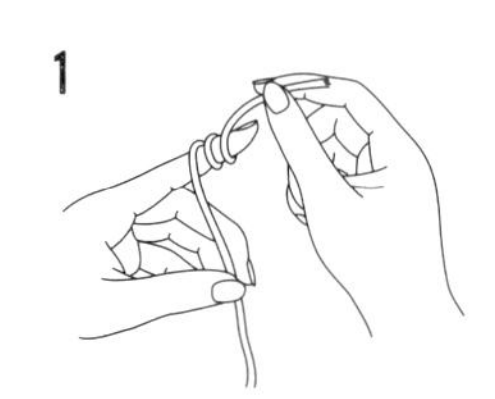

2

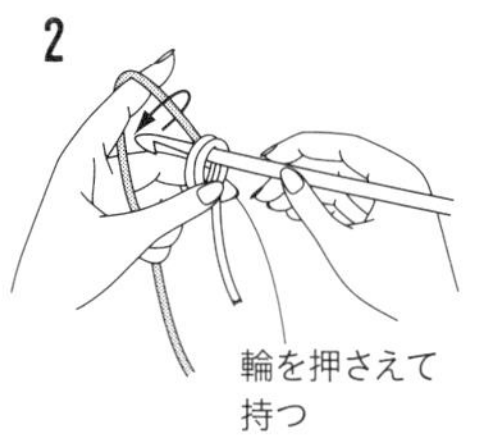

輪を押さえて持つ

3

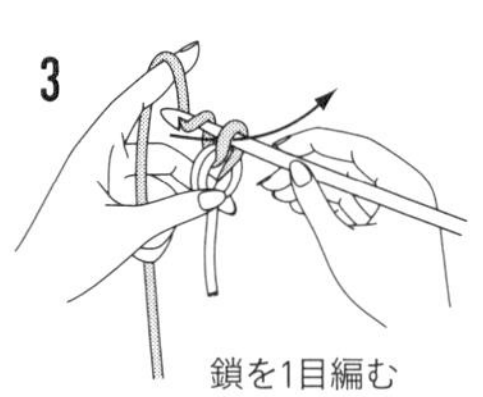

鎖を1目編む

4

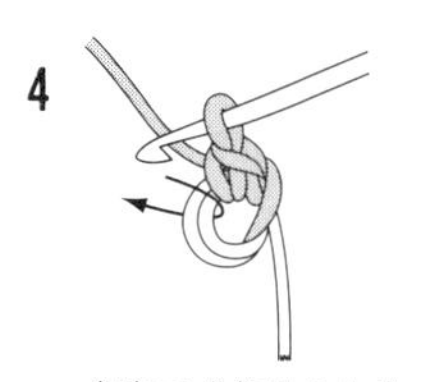

細編みを編み入れる

5

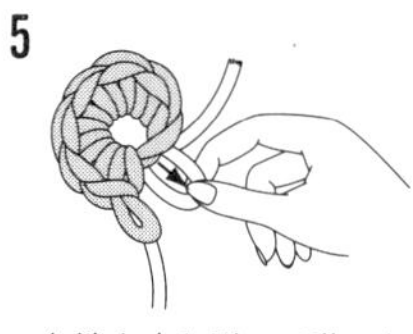

糸端を少し引いて動いた方の輪を引き、輪を縮める

6

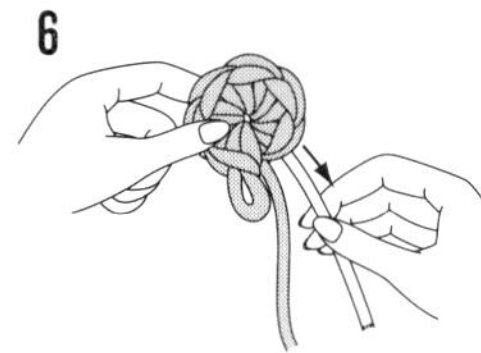

糸端を引いて引き締める

7

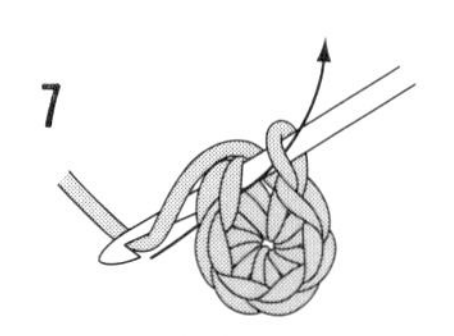

1目めの細編みの頭に針を入れ、引き抜き編みをする

編み目記号

鎖編み

1

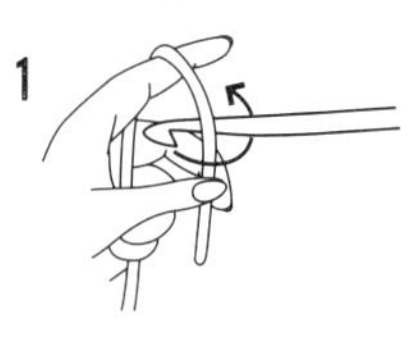

2

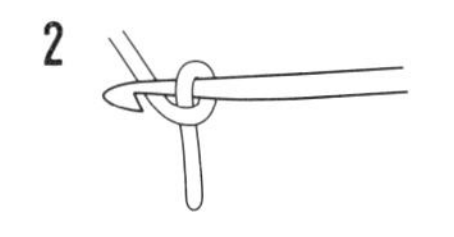

3

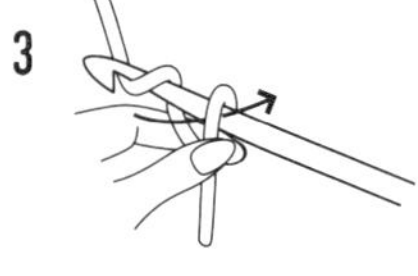

4

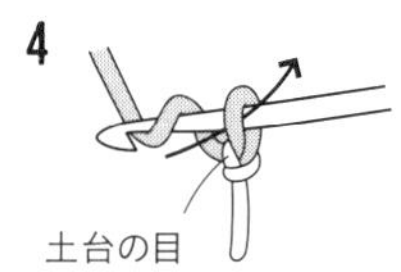

5

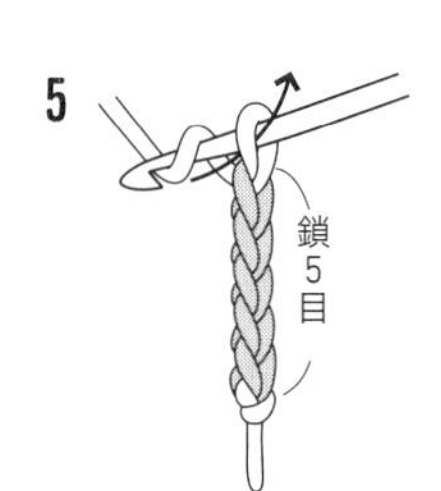

細編み

1

2

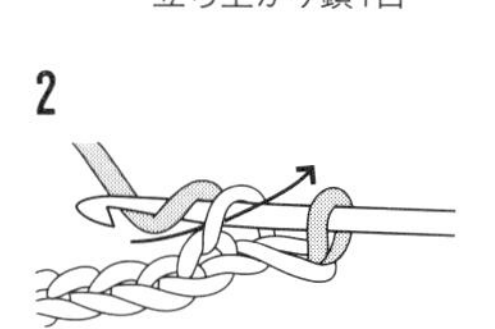

3

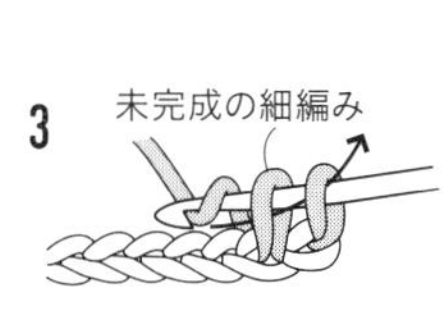

4

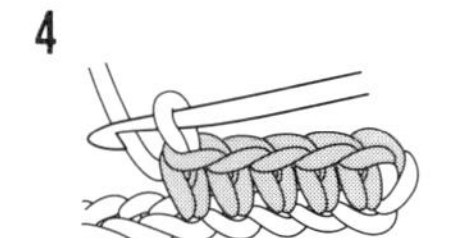

引き抜き編み

1

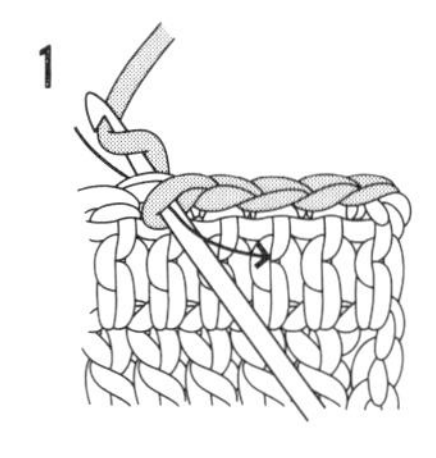

2

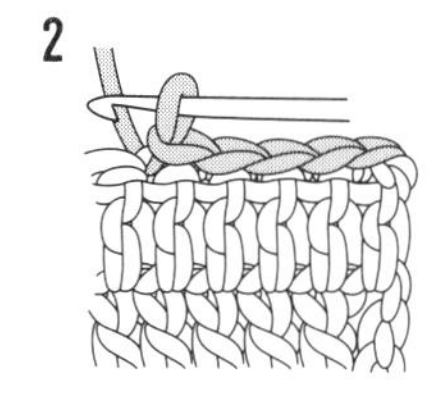

細編み2目編み入れる

1

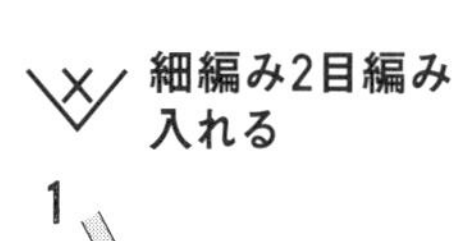

2

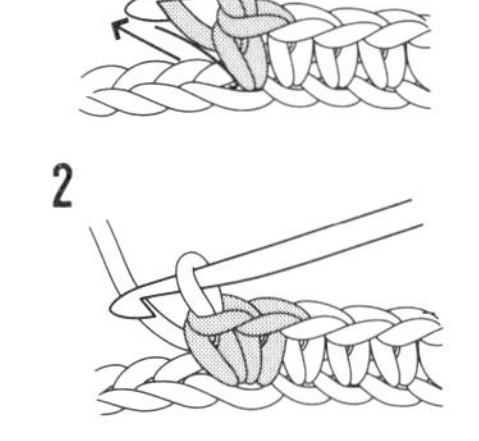

細編み2目一度

1

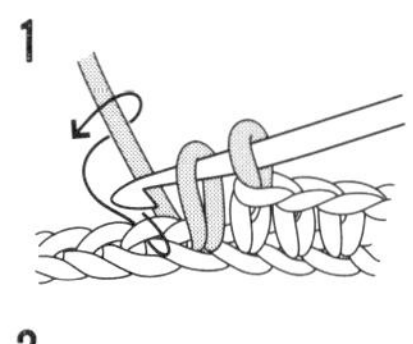

2

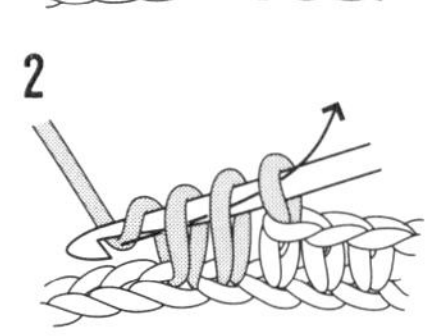

3

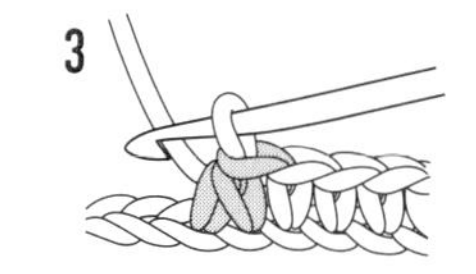

中長編み

1

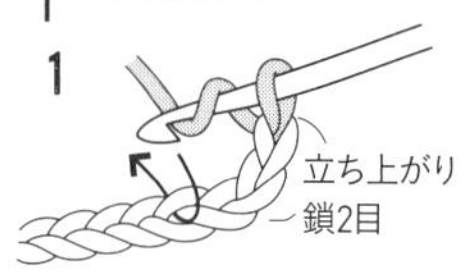

2

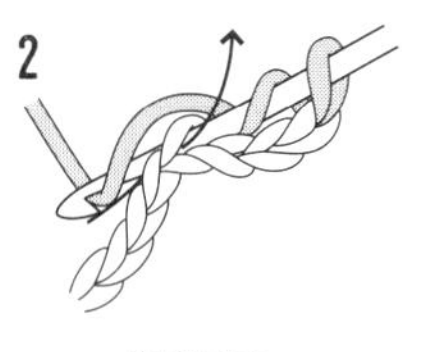

3

4

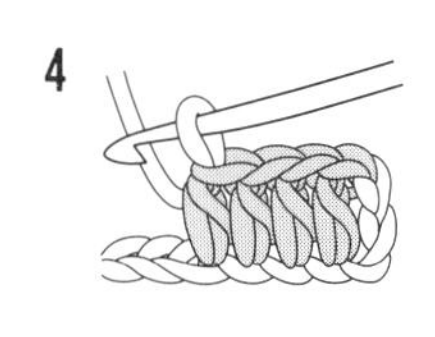

中長編み3目の玉編み

1

2

3

※目数がかわる場合も同じ要領で編む

長編み

1

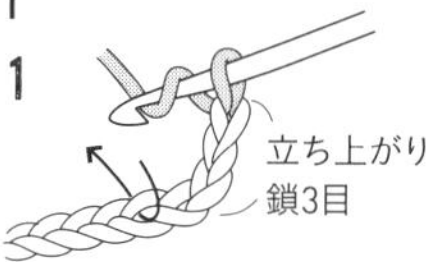

2

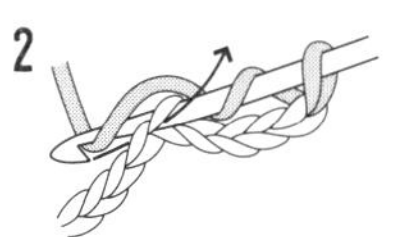

3

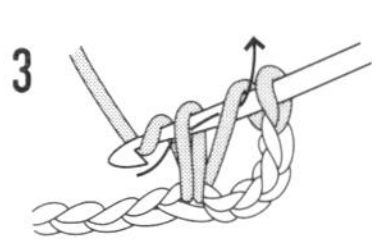

4

5

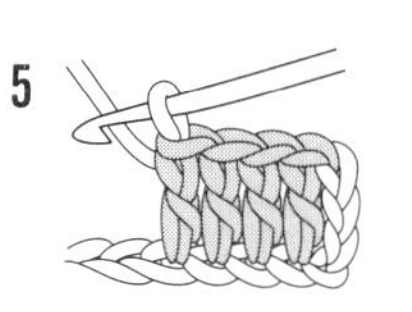

長編み2目の玉編み

1

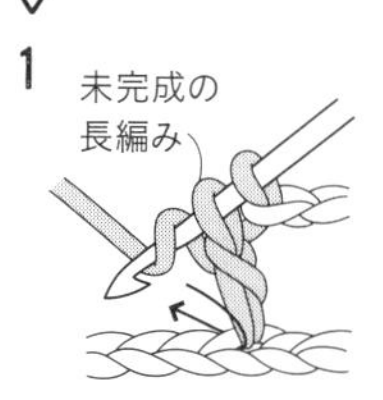

2

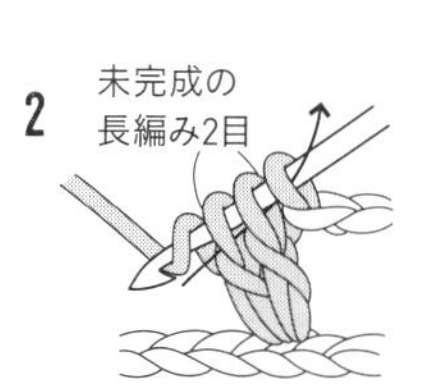

3

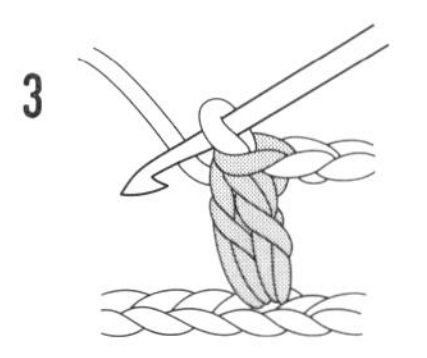

※目数がかわる場合も同じ要領で編む

長編み2目編み入れる

1

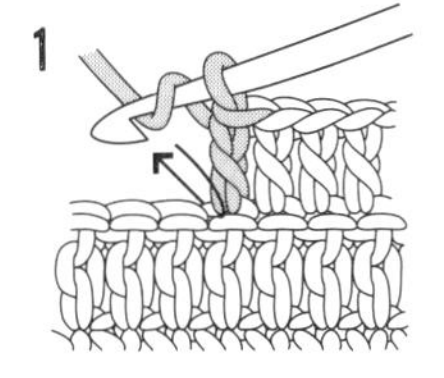

2

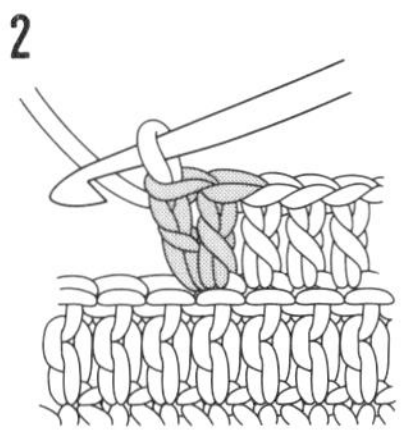

※目数がかわる場合も同じ要領で編む

長編み2目一度

1

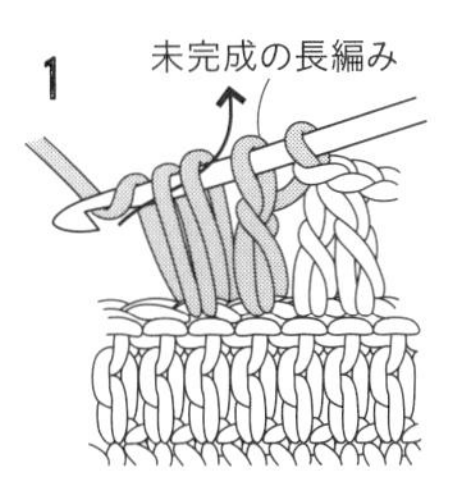

2

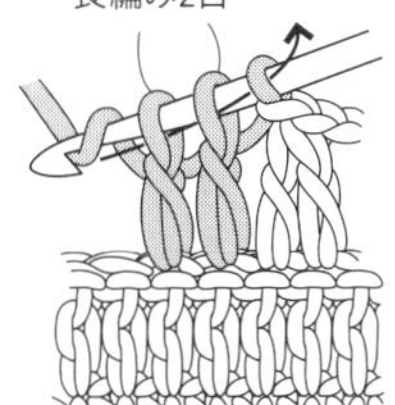

3

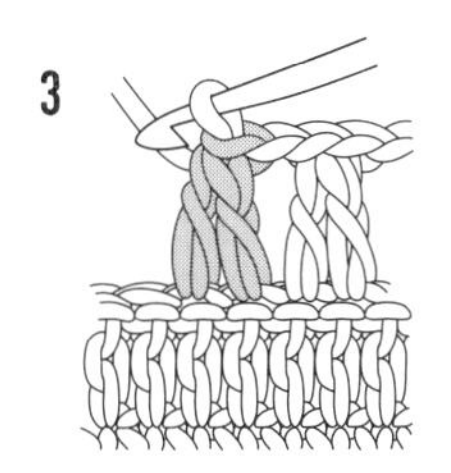

鎖3目のピコット

1

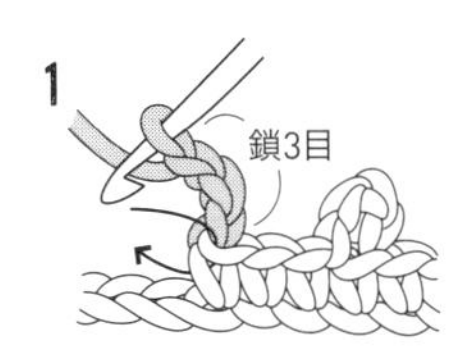

2

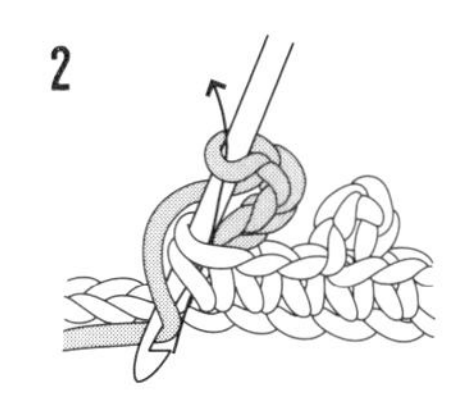

3

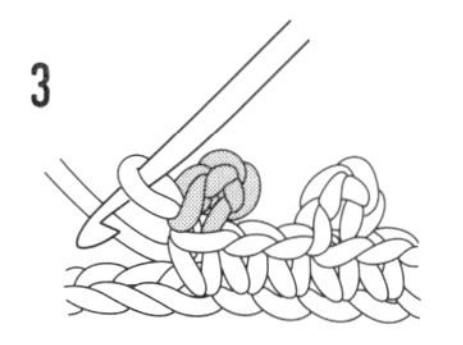

※鎖の目数が変わる場合も同じ要領で編む

長々編み

1

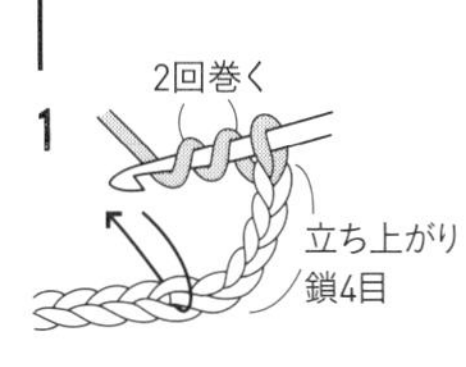

2

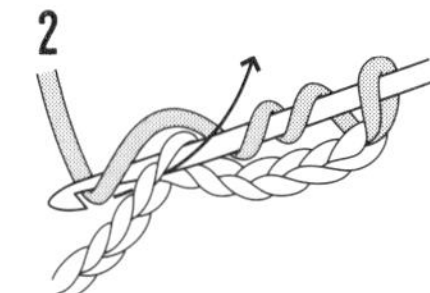

3

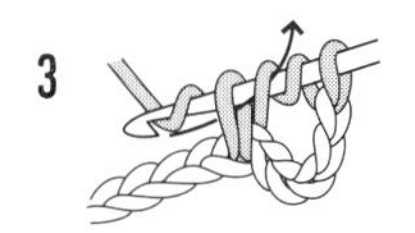

4

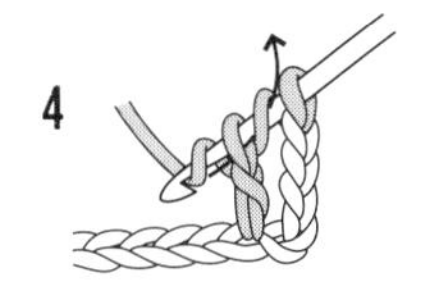

5

6

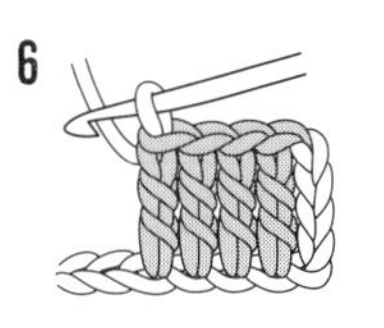

長々編み2目一度

※長編み2目一度の要領で、未完成の長々編み2目を一度に引き抜く

はぎ方・とじ方・つなぎ方

全目の巻きはぎ

1

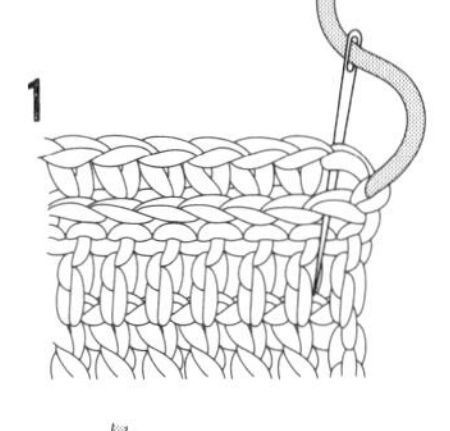

2

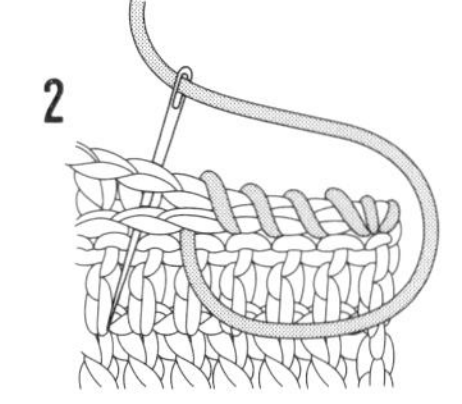

引き抜きはぎ

1

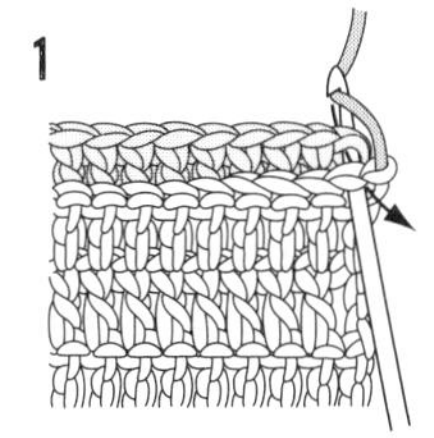

2

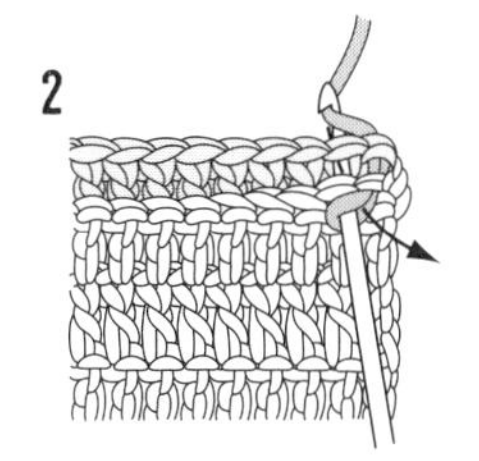

3

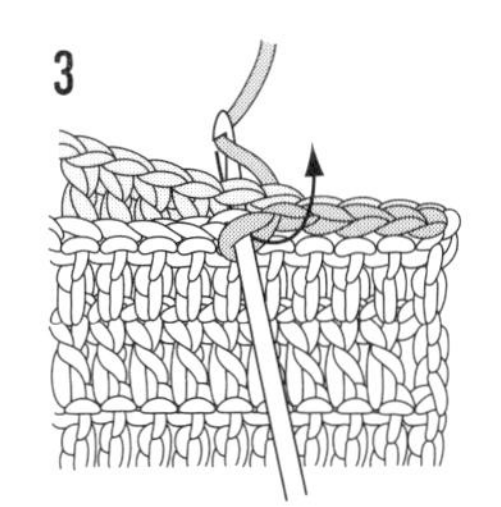

鎖編みと引き抜きはぎ

※引き抜き編みで2枚をはぎ、次の引き抜き編みまで指定の数の鎖編みをする

鎖編みと引き抜きとじ

1

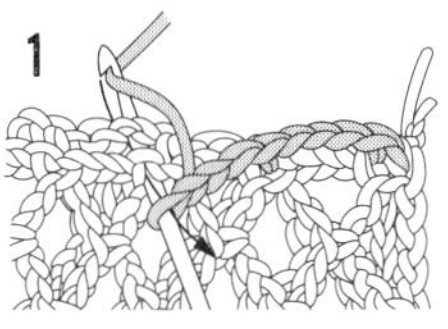

引き抜き編みで2枚をとじる

2

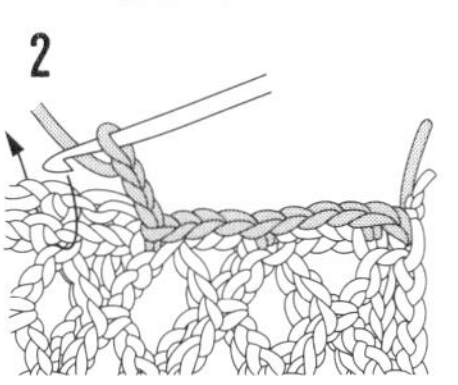

次の引き抜き編みまで指定の数の鎖編みをする

引き抜きとじ

※鎖編みと引き抜きとじの要領で編むが、鎖編みをせずに毎段引き抜き編みでとじる

チェーンつなぎ

1

とじ針で1目作る

2

表にひびかないようにして編み地の裏側に通す

この本で使用している糸

本書で使用した糸は下記の通りです。製品名の色名の後ろに記載されている数字は製品の色番号です。糸に関する問い合わせ先は、巻末をご覧ください。

P.5・49
アラン模様のミトン
製品名 ソノモノ アルパカリリー オフホワイト(111)/Ⓗ
素材 ウール80% アルパカ20%
糸長 40g玉巻き・約120m

P.6・53
リーフ模様のマフラー
製品名 メリノシルクアンゴラ ピンク(4)/Ⓡ
素材 ウール60% アンゴラ20% シルク20%
糸長 40g玉巻き・約120m

P.8・52
ボーダーのハンドウォーマー
製品名 アメリー ブルーグレー(29)、レモンイエロー(25)/Ⓗ
素材 ウール70% アクリル30%
糸長 40g玉巻き・約110m

P.10・55
バイカラーのくつした
製品名 コロポックル 緑(12)、水色(21)、濃いピンク(19)、赤(7)/Ⓗ
素材 ウール40% アクリル30% ナイロン30%
糸長 25g玉巻き・約92m

P.12・58
ガーター編みのケープ
製品名 ソノモノ ヘアリー 薄グレー(124)、ベージュ(122)/Ⓗ
素材 アルパカ75% ウール25%
糸長 25g玉巻き・約125m

P.14・60
編み込み模様の帽子
製品名 ソフトドネガル グレー(5204)、水色(5248)/Ⓟ
素材 ウール100%
糸長 40g玉巻き・約75m

P.16・66
モチーフつなぎのひざかけ
製品名 パーセント ミニ ピンク(372)、えんじ(375)、柿色(417)、オレンジ(386)、うぐいす色(316)、濃いピンク(414)、赤(374)、サーモンピンク(415)、若草色(314)、薄緑(409)、スカーレット(373)、桃色(379)、からし色(306)、アイスグリーン(335)、黄緑(333)、黄色(401)、薄いピンク(383)、ミントグリーン(323)、緑(407)、薄青(410)、レモンイエロー(304)、薄水色(322)、ターコイズブルー(408)、青(342)、水色(340)/Ⓡ
パーセント 薄いベージュ(123)/Ⓡ
素材 ウール100%
糸長 10g玉巻き・約30m/40g玉巻き・約120m
※パーセント ミニは風工房オリジナルセレクションです。

P.18・62
グラデーションの三角ショール
製品名 アルパカ エクストラ グリーン系段染め(3)/Ⓗ
素材 アルパカ82% ナイロン18%
糸長 25g玉巻き・約96m

P.20・64
ボーダー模様のベスト
製品名 アンパトスーリ 深緑(615)/Ⓟ
素材 アルパカ80%(スーリアルパカ使用) ウール20%
糸長 25g玉巻き・約133m

P.22・57
地模様のマフラー
製品名 カシミヤ パープル(119)/Ⓡ
素材 カシミヤ100%
糸長 20g玉巻き・約92m

P.24・68
編み込み模様のハンドウォーマー
製品名 クイーンアニー グリーン(853)、グレー(832)、オフホワイト(880)、赤(897)/Ⓟ
素材 ウール100%
糸長 50g玉巻き・約97m

P.26・69
市松模様のひざかけ
製品名 ブリティッシュエロイカ ワインレッド(168)/Ⓟ
素材 ウール100%(英国羊毛50%以上使用)
糸長 50g玉巻き・約83m

P.28・71
モチーフつなぎのショール
製品名 ソフアルパカ グレー(11)/Ⓡ
素材 アルパカ54% ナイロン46%
糸長 25g玉巻き・約115m

P.30・72
ブローチつきネックウォーマー
製品名 アルパカモヘア フィーヌ オフホワイト(1)/Ⓗ
素材 モヘア35% アクリル35% アルパカ20% ウール10%
糸長 25g玉巻き・約110m

P.32・73
チェックのポシェット
製品名 パーセント 深緑(31)、黄緑(33)、青(106)、水色(39)、からし色(6)、茶色(9)/Ⓡ
素材 ウール100%
糸長 40g玉巻き・約120m

P.34・75
パイナップル模様のスクエアバッグ
製品名 リノフレスコ アクアブルー(314)/Ⓟ
素材 麻(リネン)100%
糸長 25g玉巻き・約100m

P.35・76
細編みのサマーバッグ
製品名 エコアンダリヤ クロッシェ 赤(805)、生成り(801)/Ⓗ
素材 レーヨン100%
糸長 30g玉巻き・約125m

P.36・78
シェル模様のチュニック
製品名 ピマデニム 青(111)/Ⓟ
素材 コットン100%
糸長 40g玉巻き・約135m

P.38・80
パフスリーブのマーガレット
製品名 ディアリネン グレイッシュピンク(3)/Ⓗ
素材 リネン100%
糸長 25g玉巻き・約112m

P.40・81
バイカラーのプルオーバー
製品名 フォセッタ 水色(4)、白(1)/Ⓡ
素材 コットン100%
糸長 30g玉巻き・約72m

P.42・84
細編みで編む帽子
製品名 エコ アンダリヤ レトロイエロー(69)/Ⓗ
素材 レーヨン100%
糸長 40g玉巻き・約80m

P.44・86
パイナップル模様のストール
製品名 アプリコ 黄色(16)/Ⓗ
素材 コットン100%
糸長 30g玉巻き・約120m

P.45・87
パイナップル模様の上品ショール
製品名 シルクフィリーノ 青磁色(7)/Ⓡ
素材 シルク100%
糸長 20g玉巻き・約110m

P.46・88
ダイヤ柄のショール
製品名 ソワ・ド・エクラ 生成り(1)/Ⓡ
素材 シルク95% ポリエステル5%
糸長 20g玉巻き・約110m

P.47・89
寄せ目模様のスカーフ
製品名 ラグジック 淡いグリーン(621)/Ⓟ
素材 コットン100%
糸長 40g玉巻き・約136m

Ⓗ=ハマナカ Ⓡ=ハマナカ リッチモア Ⓟ=パピー
※製品情報は2016年8月現在のものです。

糸についての問い合わせ先

ダイドーインターナショナル パピー事業部
☎03-3257-7135　http://www.puppyarn.com

ハマナカ・ハマナカ リッチモア
☎075-463-5151　http://www.hamanaka.co.jp

ブックデザイン／蓮尾真沙子（tri）
撮影／回里純子
公文美和、下瀬成美、中島繁樹、中辻 渉、中野博安
鍋島徳恭、成清徹也、本間伸彦、三木麻奈
スタイリング／シダテルミ（表紙）
ヘア&メイク／タニジュンコ（p.10、23、28、32、36、43）
モデル／春菜メロディー、松島エミ
岩崎良美、梅澤レナ、理絵、伽奈、Colliu、高見まなみ、
hiromi、宮本りえ、山川未央、リー・モモカ
作り方解説／石原賞子
作り方トレース／day studio（ダイラクサトミ）
校正／廣瀬詠子
編集／倉持咲子（NHK出版）

撮影協力／ファラオ　☎03-6416-8635

簡単でかわいい
風工房の
身にまとうニット

2016（平成28）年9月20日　第1刷発行
2017（平成29）年2月25日　第2刷発行

著者　風工房

発行者　小泉公二

発行所　NHK出版
〒150-8081　東京都渋谷区宇田川町41-1
TEL　0570-002-047（編集）
TEL　0570-000-321（注文）
ホームページ　http://www.nhk-book.co.jp
振替　00110-1-49701

印刷・製本　凸版印刷

ISBN978-4-14-031204-9 C2077